二代男と改革娘

日韓の人類学者が
韓国を語ってみた

金暻和 × 林史樹
Kyounghwa Kim　Fumiki Hayashi

皓星社

まえがき

　本書は、現代韓国社会のさまざまな現象を紹介しますが、ただ単に韓国について知らせるのではなく、日韓の人類学者による対談形式で韓国を語ることによって、日韓両方の理解を深めることを目指しています。具体的には、韓国の生活文化を研究する日本出身の人類学者である林史樹先生と、日本のネット文化を研究する韓国出身の人類学者である金曍和が、それぞれの研究と実経験に基づき、現代韓国社会と若者についてさまざまな思い付きを語り合います。2人は異なる国籍とバックグラウンドを持ちながらも、ともに日韓の文化に深い関心を寄せ、その相互理解を追求してきました。1人は当事者の観点から、もう1人は観察者の視点から韓国について語り合う対話の中で、視点の違いやネジレが生まれ、現代韓国社会の顔をより面白く、より立体的に伝えられるのではないかと考えています。

　このまえがきの筆者、金曍和は、韓国出身のメディア人類学者です。2000年代半ばに来日する前は、韓国の全国紙で取材記者を務めたり、ポータル・サイトで事業戦略担当を務めたりと、メディアの制作現場でいろんな経験を積んできました。日本で日韓共同のオンライン新聞を立ち上げるプロジェクトに携わったことをきっかけに、日本の大学院に進学しました。本格的な研究者の道を歩むようになってからは、日本のケータイ文化やソーシャル・メディアの有り様について人類学的な観点から調査、研究をしてきました。コロナ禍の真っ只中だった2021年に帰国するまでのおよそ17年間、東京で生活しながら、日本社会を内側から見つめてきました。

　一方、もう1人の著者である林史樹先生は、30年以上にわたり韓国社会と文化について調査、研究、教育活動を続けてこられた気鋭の文化人類学者です。人の移動に強い関心を持ち、1990年代から、韓国のサーカス団や移動商人、国内外の移民の歴史など、韓国人でさえよく知らない韓国社会のさまざまな側面

をフィールドワークしてきました。また近年は、漢方や食についても関心を持って調べている研究者です。

　2人は千葉県幕張新都心にある神田外語大学で勤務した元同僚でもあります。林先生は、2003年度に同大学の韓国語学科（現韓国語専攻）に着任し、現在も韓国の社会や文化について講義をしています。一方、金は2014年度に同大学の国際コミュニケーション学科に赴任し、2021年度までの8年間、デジタル・メディア論や情報リテラシーなどを教える教員でした。所属する学科は異なりましたが、日韓にまたがる人類学者としての親近感、そして2人ともお酒好きということから、しばしば交流を行う仲間でした。2人は国籍や性別が異なるだけでなく、研究に至った経緯や社会を見る観点においても異なる点が目立ちます。ですが、その違いこそ対話に楽しい活気をもたらし、互いに良い刺激を与え合える研究仲間だったと思います。研究仲間に対する尊敬と元同僚としての信頼が、対談を貫き、率直かつ虚心坦懐な語り合いを可能にした要因となりました。

　ところで、私は日本に長らく住んだとはいえ、韓国で幼少期を過ごし、高等教育を受け、社会人デビューも果たした、正真正銘の「韓国人」です。こういう私が、韓国社会についての対談本を出すことになった経緯と思いを少し述べておきたいです。

　私は、2012年から日本の大学に籍を置くことになりました。韓国での新聞社やインターネット企業での動的な仕事とは異なり、日本の大学教員としての落ち着いた日常生活に概ね満足していました。特に日々出会える大学生たちとの対話では興味深い気付きも多く、日本社会について深く考える機会が多々ありました。ですから、日本での大学教員を辞めて帰国することを決心したのは、その生活に不満があったわけではなく、韓国にいる家族と近くなりたいという極めて私的な理由からでした。2020年にコロナ禍が始まり、外国人の入国禁止や渡航の度に2週間もの隔離が義務化されるなどの状況を経て、その気持ちが強くなってきたのです。日本で信頼できる仲間たちがたくさんできたため、帰国しても研究や交流を続けられる自信もありました。長考の末、2022年に日本での生活を整理し、

帰国しました。現在は韓国の田舎に居を構え、講義や執筆、研究活動を行う一方で、日本の仲間たちと共同研究や交流実践を続ける努力をしています。

一方、以前勤務していた韓国日報の提案により、2019年から「同じ日本、異なる日本」という題の隔週コラムを連載することになりました。2024年9月の現在まで連載を継続しており、2022年にはその一部が韓国で『同じ日本、異なる日本』（『같은 일본 다른 일본』、東アジア）というタイトルの単行本として出版されました。この本は、『韓国は日本をどう見ているか　メディア人類学者が読み解く日本社会』とタイトルを改め、平凡社新書として2024年9月に邦訳も刊行されました。

コラムを書き始めた当初は、日本での生活ぶりを気軽に紹介するつもりでしたが、掲載回数が増えるにつれて、韓国の読者に現代日本社会をしっかり伝えたいという気持ちが強まりました。というのも、韓国で日本に関する言説は多く見られるものの、日本での実経験にしっかりと基づくものは少ないからです。そのため、なるべく自分が直接体験したことや感じたことでコラムを書くように心がけました。「K-POPが大人気」とか「韓国料理が好き」などの断片的な情報だけでは伝わらない日本の若者たちについてもありのままの姿を書こうと努力しました。

よく考えてみると、それは韓国に限ったことではありません。日本で語られる韓国も、歴史的な背景や政治的な対立からくる偏見や、K-POPや韓国ドラマに登場する華やかな芸能人のイメージに偏る傾向があります。これらの姿もまったくの「偽り」ではないにせよ、それだけでは本当の韓国社会を理解するのは難しいでしょう。

実は、林先生は、2007年に刊行された著書の『韓国がわかる60の風景』（明石書店）でご自身の体験に基づいて韓国社会のさまざまな特徴を非常に鋭く、面白く語っています。この本の中で、韓国社会（実はこれも韓国に限った話ではありませんが）を見つめる際の相対的な観点の重要性を何度も強調していました。林先生と私は、日韓をまたぐ研究者として、実体験に基づいて互いを見つめる相対的な視点の豊かさと必要性について強く感じていたのです。そうした共通の問題意識こそ、この対談本の根本的かつ最も重要な問題意識であり、一緒に編み上げようと意気投合できた要因でもありました。

本書は、6つの章に分かれています。第1章は、2023年12月に神田外語大学で行われた座談会の記録です。それから第2章から第6章までは、2023年12月と2024年4月に対面で行われた対談と、2024年5月と6月にオンラインで行われた追加対談、そして数えきれないメールでのやり取りを通してでき上がりました。また、韓国の食文化に関する5つの「食のコラム」も盛り込んでいます。これは、林先生の研究関心の1分野であり、食いしん坊の私もぜひ語りたかったテーマです。

　林先生とじっくりとした対談を行い、その結果を共著として出版できるのは、個人的に非常に嬉しく、楽しい経験でした。長時間にわたる対談では疲れることもありましたが、林先生の大阪出身ならではのユーモアと余裕にいつも救われました。長い対談と膨大な加筆修正の過程を通じて、林先生とのやり取りには常に知的な刺激がありました。今後もともに仕事をする機会を持てるのを、楽しみにしています。

　本書の企画から編集、座談と対談の計画、原稿の整理や細かい編集作業まで尽力してくださり、ややきついスケジュールの中でも、本書を完成まで導いてくださった編集者の椎野礼仁さんと皓星社の楠本夏菜さんには、感謝の言葉が尽きません。特に、お2人には、座談会と対談の聞き手として積極的に関わり、本の内容に多様性と深みを加えていただきました。全共闘世代である椎野さんは、政治・歴史への高い関心を背景に、昨今の韓国政治に対して鋭い観点を提供してくださいました。一方、90年代生まれの楠本さんは、若い世代の韓国に対する関心を反映した興味深い質問を次々と投げかけてくださいました。本文中、末尾に（S）とあるのは椎野さん、（K）とあるのは楠本さんの発言です。

　本書の出版は、実に多くの方々の協力と支援がなければ実現しませんでした。特に出版を念頭に入れた座談会に積極的に参加し、自らの経験と思いを素直に語ってくれた神田外語大学の学生たちに感謝の意を表したいと思います。さらに、座談会の開催について全面的にご協力してくださった神田外語大学広報部の須賀大悟さん、三上山雄亮さんにも、この場を借りて深くお礼を申し上げます。そして、神田外語大学に着任する前に、林先生と知り合うきっかけを作ってくださった恩師の李文雄先生（ソウル大学人類学科名誉教授）にも心から感謝いたしま

す。本当にありがとうございます。最後に、本書の出版と執筆について何度も個人的なご相談に乗っていただいた松井貴子さんにも特別な感謝の気持ちを伝えたいです。この本が日韓の相互理解と交流を深める一助になることを心から祈っています。

2024年9月

金曉和

目次

まえがき　金暎和　1

第1章　日韓の大学生が語り合う　話題には気をつかうけど……　9

日本語は覚えやすい／最初はマイナスイメージだった韓国／日本の青い空に惹かれた／翻訳の仕事がしたい／音楽と言葉の狭間で貢献したい／母がはまった「美男ですね」／どのように印象が変わったか／マイナスイメージの淵源を知って見方が変わった／差別を経験したことはない／違う視点が得られた／優しさとおもてなし／受験の小論文対策で韓国について学んだ／話題を選ぶ？／「反日教育」という概念がわからない／私たちの関係に妨げになるようなことはなくしたい／座談会を終えて／日本に対する各世代のさまざまな思い

第2章　日韓関係を問う　反日はむしろ日本の概念　37

親日と反日という見方／避けては通れない日本による統治の歴史／日本に対する認識はどう変わったか／日韓交流の歴史的流れ／「嫌韓」の始まり／「日本には原罪がある」という主張／日本を留学先に選ぶ若者／ネット時代が生んだミックス言語「日韓ピジン」

食のコラム①　韓国で辛いものが定着したのはいつ？　60

第3章　ネットと韓国社会　「二代男」と「改革娘」　61

「二代男」と「改革娘」／2000年頃から変化した男女対立の構図／男子だけに兵役はアンフェア？／「学番」が同じだとすぐ仲良くなる／友達の距離感が違う／友達同士にゴメンはない／同調圧力は日本の方が強い？／ネット世論の影響が大きい韓国社会

食のコラム②　目上の人と飲む時のマナー　82

第4章 人間関係のダイナミズム 競争社会・変革志向の韓国を生きる 83

韓国のマスメディアの使命感／激しい競争社会が生んだ「沙悟浄」と「五六島」／落ちては這い上がる韓国社会のダイナミズム／本音と建前は日韓共通の文化／割勘が普及してきたわけ／韓国はなぜIT強国になったのか／韓国は儒教社会なのか／身体の距離感が近い韓国／感情を抑制する日本人にびっくり／日本より親子関係が密接／頼み事で人間関係を深める／整形も自己管理の一部？

食のコラム③　1人で飲み屋は「上級」 120

第5章 地域から韓国を探る 都市と地方 121

ソウル＝韓国ではない／ソウル一極集中の理由／増えてきた「帰村」／風水に基づく都市計画／日本庭園の自然は手を加えた自然／韓国にもいる「九州男児」？／両班文化はなぜ南部に色濃い？／車社会なのに？　車社会だから？／ソウルの終電がガラガラなのはなぜ？／地下鉄の混雑と他人との距離感／飲み屋街は日本の匂い？／K-POPや韓国ドラマの先を探ろう／1ヵ月ステイが人気／2人のおすすめスポットは？

食のコラム④　ストリートフードの韓国、居酒屋の日本 156

第6章 韓国の若者たち キーワードで見る新しい価値観 159

対等な付き合いの象徴「デート通帳」／カジュアルな出会い方「ソゲッティング」／韓国の若者の過酷な現実「N放世代」／社会の圧から逃れる積極性「非婚宣言」／瞬間の幸福の追求「おまかせ」／日韓で同時多発の「ニュートロ」／『82年生まれ、キム・ジヨン』をめぐって

食のコラム⑤　国民1人当たりのインスタントラーメン消費量は
世界トップレベル 182

あとがき　林史樹 184

第1章
日韓の大学生が語り合う
話題には気をつかうけど……

写真1　神田外語大学MULC（Multilingual Communication Center=多言語コミュニケーションセンター）韓国エリアの風景。留学生、教員、学生の語りの場になっている（2024年7月、林史樹撮影）。

神田外語大学の講義を履修している日本人学生と韓国人留学生の6人に、日本と韓国について若い世代はどんなふうに向き合っているのか、関係をどう構築しているのかについて、率直に語ってもらいました。また、6人以外にも「韓国の宗教・社会Ⅱ」の講義（林先生担当）を受けている30人弱の皆さんも同席。それぞれの国に興味を持ったきっかけから、互いの歴史認識の違いも見えてきます。同じ教室で学ぶ上で、若者たちはどのようなことを意識しているのでしょうか？

出席

神田外語大学外国語学部アジア言語学科
韓国語専攻の学生と留学生6人
　　　　　　　（2023年12月当時の学年）

イ・スミン	4年生
相田冬実子	4年生
イ・ドンウン	2年生
矢田彩音	2年生
関本綾音	2年生
勝亦美妃	2年生
金曜和	元神田外語大学外国語学部 国際コミュニケーション学科准教授
林史樹	神田外語大学外国語学部 アジア言語学科韓国語専攻教授

司会進行　編集部

日本語は覚えやすい

——では、韓国から留学に来て今4年生のイ・スミンさんから伺います。あらかじめ書いていただいたアンケートによると、イ・スミンさんのお母様は日本語ができ、小学3年生の頃から一緒に日本のアニメを見たり、日本語の練習をしていたそうですね。中学生の頃には、祭りに行ったりお花見をして、日本の生活を楽しんでみたいと思っていたとのことですが、お母様はどうして日本語ができたんですか (S)。

イ・スミン 高校の時、第2外国語として日本語があったらしくて、選択したようです。それで私も母の影響で一緒にやることになりました。

——お母様はおいくつぐらいですか (S)。

イ・スミン 1973年生まれです。

——その世代の方にとって、日本語を学ぶというのはどういう感じだったんでしょうか。少数だったのではないでしょうか (S)。

金 お母様は私と同じ世代ですね。その時に第2外国語として日本語が学べる高校は確かにありました。ただやっぱりフランス語やドイツ語を選ぶことが一般的で、日本語を学ぶ方は少数派だったんじゃないかとは思いますね。

——日本語を選択された理由を聞いたことはありますか (S)。

イ・スミン それはないんですが、母の高校ではドイツ語とかフランス語はなかったと言っていました。

林 大学受験の際に、日本語は覚えやすくて有利だったということは、多少あったようです。イ・スミンさんのお母様がそのタイプだったかどうかはわからないですが。

——日本語は覚えやすいですか (S)。

イ・スミン 私は小さい頃から学んでいたのですが、韓国もとりあえず漢字を使っているし語順も一緒なので、似ている部分が多く勉強しやすかったです。

最初はマイナスイメージだった韓国

――相田冬実子さんは、高校1年生の時にYouTubeでアイドルのEXOを見つけてK-POPファンになったそうですね。それで、SNSで追っかけをしている中で「反日」「嫌韓」という言葉を知って衝撃を受け、どうして日韓の間にはこのような言葉や考えがあるのか気になったということですね (S)。

相田　SNSで「反日」という言葉を目にしたのは、実はBTSが原爆Tシャツを着ていて、「反日グループだ、反日グループを日本のメディアに出すな」というニュースを見た時です。私は原爆とか戦争のこと、つまり人が亡くなっていることをなんでTシャツにするんだろう、なんて国なんだって、最初はそこでちょっとマイナスなイメージを持ったんです。また、韓国の会社で、「慰安婦」の方々の団体を支援している会社 * があって、その会社のTシャツを着たアイドルが日本の空港で写真を撮られたんですが、そもそも「慰安婦」団体を支援している企業がファッション業界に入ってきているというのも、私には衝撃的でした。日本で、遺族とか支援団体がTシャツを作るというのは知らなかったので、なんで韓国にはそうした団体が、ファッションとか本とかSNS活動とかをやっているんだろうと疑問を持ちました。

――そのマイナスイメージはどんなふうに変わってきたんですか (S)。

相田　なんでそういう行動をするのか、韓国の人たちの行動原理というものが気になったんですが、それを嫌いなまま終わらせるのは好きじゃないので、なぜ自分は韓国が嫌だと思ったのか、マイナスイメージを持ったのか、あるいは韓国の人がなんで反日などと言うんだろう。また、なぜ日本で嫌韓・反日を言うんだろうって、それが気になりました。気になったから学んでみようという視点

---

* 2013年に韓国の若者が立ち上げた、ライフスタイルブランドを扱うマリーモンド社。「慰安婦」の女性を表す花のモチーフをあしらった服や雑貨を制作。売上げの一部は「慰安婦」たちの支援にも使われ、BTSやSEVENTEENなど、アイドルが同社の商品を着ることもある。

ですね。

林 気になったから学んでみようというのは素晴らしいですね。確かに原爆Tシャツをめぐっては、当時、批判派と擁護派で激しい議論になりましたね。当然ですが、日本社会における原爆の意味は、軽々しいものではありませんからね。

——その時までに「慰安婦」という言葉を知っていましたか (S)。

相田 中学と高校とかの教科書でさらっと単語だけは聞いたという感じで、中身はそんなにわかっていませんでした。

——それで韓国語専攻を受験して、韓国語とともに日韓関係、歴史など朝鮮半島に関することをまんべんなく学びたいと思ったんですね。学べましたか (S)。

相田 今4年生なんですが、学ぶ環境があるので、まんべんなく学べたかなという思いです。

日本の青い空に惹かれた

——韓国から留学して今2年生のイ・ドンウンさんに伺いましょう。2019年に日本に旅行に来た時、食べ物や観光地に心が癒されて、一度日本に住んでみたいと思って留学を選択されたんですね。この時は高校生ですか (S)。

イ・ドンウン じゃなくて、ちょうど20歳で軍隊に入る直前で、1人で旅行に行きたいと思っていたんです。海外旅行だとしたら、1番行きやすいのが日本でした。単にちょっと行ってみようかなと思ったのがきっかけでした。その旅行の後、軍隊に行って、その後、大学の交換留学制度を活用して日本に住むことになりました。

——住んでみたいなと思うほど、何が良かったんですか (S)。

イ・ドンウン ただ雰囲気が良かったという……。人々の雰囲気、街の雰囲気。特に青い空。韓国ではそういう青空が見られなくて、それを見るだけで楽しかったです。

金 おそらくドンウンさんが初めて日本にいらっしゃった2019年頃は、韓国の

空気があまりよくなかったと思います。黄砂やPM2.5などが大量に飛んでいた時期です。今はコロナ禍を経て少しは落ち着いてきたので、韓国でも青い空が見られると思いますよ。でもおっしゃることは私もすごくわかります、綺麗な街だという。

──「食べ物もおいしかった」とのことですが、具体的には何ですか (S)。

イ・ドンウン　日本に来た理由はいろいろあるんですが、その1つがトンカツで。

──トンカツ、韓国にもあるでしょう！(S)

イ・ドンウン　ありますけど。ちなみに韓国の男の人の3大食べ物の1つがトンカツなんです。

──あと2つは何ですか (S)。

イ・ドンウン　クッパと参鶏湯 (サムゲタン) です。

──トンカツが入っているとは、意外なお答えでした (S)。

翻訳の仕事がしたい

──矢田彩音さんもK-POPが好きになって、高校の時に将来について考え、長い間働くなら韓国に携わるような仕事がしたいと思って、それで韓国語や韓国の文化・歴史を学ぶために神田外語大学に来たんですね (S)。

矢田　そうです。特に林先生の授業を何度も取っているんですが、自分が思ってた以上にかなり深いところまで教えてくださって──。

林　僕はどう反応すればいいんだ（笑）。

──何という授業ですか (S)。

矢田　今は韓国文化特定研究という科目です。

──特定研究とは何を指しているんですか (S)。

矢田　韓国の人も知らないような地域密着の文化とか、そういうものを深く掘り下げていくんですが、聞いていていつも面白いなと思うんです。毎回、先生がトピッ

クとして上げてくるものが、自分が考えたこともないようなことで。「韓国の当たり前」と考えているものに、実はこういう見方もあるんだよという感じで教えてくれるんです。

——その中で1番びっくりしたことは、どんなことですか (S)。

矢田 一昨日の授業は朴正熙大統領のことでした。軍事独裁を敷いて、その後、経済成長を進めた人だと大学の歴史の授業では教えてもらったんですが、特にその軍事独裁という面が自分の中で印象が強かったんです。経済成長の負の面も強い方だったと。でも実はそれだけじゃなくて、部下の軍人から信頼されていたというか、もっと別の見方もできるみたいな感じで教わったんです。先生がくださった「好きな大統領ランキング」という資料では、朴大統領が結構上位に来ていて、それがすごく意外でした。

林 朝鮮日報の調査ですね。

——1位は誰ですか (S)。

林 時代によるんですが、少し前まではやっぱり盧武鉉大統領。最終学歴が高卒のたたき上げの人で、弁護士出身の方なんですが、庶民的な大統領というイメージではありますね。

——韓国に関する仕事って、例えば何をしたいんですか (S)。

矢田 翻訳の仕事をしたいなと思っています。いろんな翻訳があると思うんですが、韓国の文学、マンガ、小説とかそういうものです。この間ネットで「韓国にはもっと面白い漫画がたくさんあるのに、それを日本語に翻訳してくれる人があんまりいない」みたいなことを韓国の方が書き込んでいて、残念に思いました。韓国だけじゃなく、他の世界にもきっと面白い漫画とかあるのにとも思います。

音楽と言葉の狭間で貢献したい

——関本綾音さんは妹の影響でK-POPが好きになったとか。それと、テンプル大学が開講していた英語学習クラスのクラスメイトのほとんどがトリリンガルだっ

たことで刺激を受けて、自分も英語の他にもう1言語、「4年間でビジネスレベルまで仕上げたい」と思って神田外語大学の韓国語を専攻することにしたそうですね。そのトリリンガルのクラスメイトは日本人ですか (S)。

関本 日本語は喋れるんですが、国籍はさまざまでした。タイ、ベトナム、フィリピン……。

——もう1言語学びたいと思った時に韓国語を選んだのはどうしてですか (S)。

関本 妹の影響で多少関心を持っていたので、じゃあ韓国語にしてみようという気持ちが強かったです。あとは何より、この学校のホームページに「4年間でビジネスレベルまで」と書いてあったので、それを信じて。

——何かそういう職業に就きたいんですね (S)。

関本 自分を韓国とつないでくれたのが韓国の音楽だったので、音楽と言語の狭間にあるような仕事で貢献していきたいと思っています。

——改めてお聞きしますが、韓国に惹かれた理由は何ですか (S)。

関本 人だと感じています。韓国文化には、日本文化にはない「ゆるさ」というか「寛容さ」があると思います。実際にマニュアル通りなら絶対に許されないことを、人々の好意でずいぶん体験することができました。規則よりも心という情の厚さが好きになりました。

母がはまった「美男ですね」

——勝亦美妃さんの場合は面白くて、お母様が韓国ドラマ「美男ですね」にはまったのをきっかけに一緒に韓国ドラマを観るようになって、そこから韓国のバンドや音楽が好きになったそうですね。韓国ドラマはかなり大きい要素ですか (S)。

勝亦 はい、そうですね。初めて「美男ですね」を観た時は、フジテレビのカットされまくりのドラマだったり、あとはMネットとかKBSの有料チャンネルを家で契約して観たりですね。今はNetflixとかDisney+とかで観ています。

金　ちょっとだけ説明をすると、2010年頃は韓国ドラマが日本でかなり放送されていました。その時は日本に住んでいましたが、びっくりするぐらいたくさんの韓国ドラマがテレビで放映されていたんですよね。日本のテレビ番組で韓国ドラマが簡単に観られる時期でした。

――韓国ヘイトをする人々がフジテレビに「韓国ドラマが多すぎる、偏向放送だ」とデモに行ったりしたんですよね (S)。

林　フジテレビ前で嫌韓デモが初めて行われたのが2011年の夏。当時はかなり逆風が吹きましたね。

　ここで、今まで会場で聞いていた学生たちに質問してみましょう。映画より韓国ドラマの方を主体によく観るっていう人はどれぐらい？（ほぼ全員手を挙げる）、ほとんどですね。じゃあドラマも映画も大体両方一緒ぐらい観るっていう人は？（何人か手を挙げる）、2人しかいないか。

――では具体的に伺います。皆さんの中で「タクシー運転手　約束は海を越えて」（チャン・フン監督、ソン・ガンホ主演の5.18光州民主化運動＊を題材にした2017年の映画）**をご覧になった方は？　2人だけですね。韓国で大ヒットしたんですよね** (S)。

林　実はあの映画は、うちの大学のOB・OGが字幕翻訳したんですよ。エンドロールを見ていると、神田外語大学字幕制作チームと出てきますから、ぜひ観ていただきたいと思います【写真2】。じゃあ皆さんはカンヌ映画祭で最高賞に輝いた「パラサイト　半地下の家族」（ポン・ジュノ監督、2019年）は観たんでしょうか？（大多数が挙手）

――ほとんどの方が観ているんですね。この差は何でしょう。こういうのは実際に聞いてみないとわかりませんね (S)。

＊　1980年5月、全羅南道光州市を中心に起きた民主化運動。全斗煥（1980年に11代大統領に就任）が導く新軍部による戒厳令の全国拡大措置に反発し、民主主義政府の樹立及び新軍部の退陣を要求した。軍事勢力の激しい弾圧によって5000名以上の死傷者が出た。

写真2　神田外語大学クリスタルホールで行われた「タクシー運転手」試写会での酒井学長（当時）による祝辞の様子（2018年1月撮影、神田外語大学提供）。

どのように印象が変わったか

——さて、次の質問は「日本に来て印象が変わりましたか」あるいは「韓国のことを知ってそれまでの印象が変わりましたか」ということをお聞きします。イ・スミンさん、いかがですか (S)。

イ・スミン　旅行で来た時はあんまり気にしなかったんですが、実際に住んでみて気が付いたのは運転の仕方ですね。日本は歩行者を優先してくれるという感じが良くて。韓国だったら車が威張ってるんですが、日本だったら必ず止まってくれるので、とても助かるなと感じました。韓国のドライバーは運転が荒いので、空港に着いたら皆さんびっくりされると思います。

マイナスイメージの淵源を知って見方が変わった

――相田さんは4年間勉強してきた中で、韓国をものすごく嫌いになった時もあるし、ものすごく好きになった時もあって、今はニュートラルな立ち位置にいるということですが、両方伺いたいですね (S)。

相田　1年生の時は韓国語を中心に学ぶんですが、言葉の節々で感じられる民族主義というものに、私はものすごく嫌悪感を抱いたんです。例えば、韓国のことを「大韓民国(テハミング)」と言うのではなく、「我が国(ウリナラ)」っていうふうに呼んだりするところに、なんで「我が(ウリ)」っていうのか、韓国でいいじゃんって思っていました。そもそも私はマイナスイメージを持っていたので、そのマイナスなイメージを覆すものがなかったということです。

――僕らのような年上の世代は「我が国」って普通に使いますが、今の日本の若い人は「我が国」って言わないのでしょうか (S)。

相田　そうですね。あまり「我が国」とは言わないですね。あと勉強していて気になったのは、かたくなに「独島(ドクト)」と言ったりすることです。日本だと「竹島(独島)」と両方の呼び方を併記したりすることが多いと思うんですが、韓国のニュースは軒並み竹島が全然ないものとして扱っているような気がして、なんか不思議だなと。そういうところで、ものすごく自分たちの国に誇りを持っている人たちだなと思って嫌になりました。

――逆に好きになったのは (S)。

相田　大学3年生ぐらいの時なんですが、きっかけは一橋大学のゼミのある学生がインタビュー形式で作っている本（『「日韓」のモヤモヤと大学生のわたし』、加藤圭木監修、大月書店、2021年）でした。あれを読んでみてちょっと見方が変わりました。そうした民族主義を生んだのは、実は日本による植民地時代。日本の韓国併合が、民族主義を持たなきゃいけない環境を作った。つまり私たちの問題なんじゃないかと見方が変わりました。そういう視点を持つようになると、ウリナラと

かドクトって言うのも許容できるかなと。K-POPも国を挙げて盛り上げようとしているところとか、サムスンやLGが世界進出していることも、良い印象で見られるようになって、日本が学ばなきゃいけないことがあるなと好意的な見方になりました。

差別を経験したことはない

——イ・ドンウンさんは日本に来て印象が変わった点、あるいはこれは同じだったというようなところはありますか (S)。

イ・ドンウン　先ほど言った通り、日本の雰囲気が良くて来たんですが、青い空にはもう慣れました（笑）。今も歩きには行ってるんですが、自然に過ごしていますね。1番しんどかったのは、人との関係が韓国とは全然違っていて、日本では仲間という範囲が韓国より小さいという、そんな感じがあります。それは日本に住む外国人がみんな1回は経験することだと思います。

——**それは面白い。気が付きませんでした。つまり仲間入りをなかなかさせてくれないという感じですか** (S)。

イ・ドンウン　あと腹を割ってくれないとかですね。人間関係の距離感というのが違いますね。韓国だったらすぐに仲良くなって、一緒に遊びに行くんですが、日本の場合は最初のうち、少し距離を置いてくる。

林　日本の中でも関西と関東では少し違いますよ。関西の方が距離を置かないというか、プライバシーの範囲が少し狭いというか。

金　韓国の人と関西人って馬が合いますよね。

イ・ドンウン　あと住んでみて楽だなと思うのは、みんなが優しいこと。

——**単刀直入に伺いますが、差別意識みたいなものを感じたことはありますか** (S)。

イ・ドンウン　僕らの世代の人から何か差別されるとかそういうふうなことは、今まではないですね。

関本　やっぱり世代でだいぶ違うと思います。父親（1973年生まれ）ぐらいの世

20　第1章　日韓の大学生が語り合う

代と比べれば差別感はかなり解消されつつある。父がかつて若者だった頃に、「韓国」と言えば連想するのは、互いに壁を作って接していた朝鮮学校の生徒たちだったりとか、好ましく思えない存在だったのだと思います。一方で私たちが見ている韓国は、キラキラしたアイドルにおいしい韓国料理、アジア人の良さを引き出してくれるメイクやファッションとか、最先端のイメージを持っています。見ているものが違えば、思う感情も違っていて当然と思います。

──団塊の世代以上では、日本というのはアジアで1番の先進国であり経済大国であるという意識がいまだに根強くあるけど、今の若い人にとっては、OECD（経済協力開発機構）のいろんな指標でも韓国の方が上だし、K-POPは世界を席巻しているから、そういう意味じゃ日本にコンプレックスを感じる必要もないんでしょうね。また日本人の若い方だって、上の世代が持っていた優越感はないっていうことでしょうか (S)。

イ・ドンウン 経済はまだ日本の方が上だという認識ですが……。

関本 経済には詳しくないのですが、韓国も日本もそれぞれに優れているところと劣っているところがあると思います。電子決済、インターネット環境等は韓国の方が圧倒的に強いですが、トイレ等の水回りなど生活のインフラは日本の方が断然優れていると感じます。

違う視点が得られた

──**矢田さんは学んでみて、いかがでしたか** (S)。

矢田 私は元々、相田さんとは反対に「韓国めっちゃ好き」みたいなところから入っているんです。この大学で韓国語だけじゃなくて文化とか歴史とかの授業を取っていくうちに、例えば私が小学校から高校まで学んできた歴史の教科書の中では、竹島問題というのは「韓国が不法に占拠しています」としか書いてないんです。日本の公式見解しか書いてない。だから私もつい最近まで、韓

国は好きだけど「竹島は不法に占拠しているんだ」という意識が頭の片隅にありました。「慰安婦」の話も、私が使っていた歴史の教科書には一切出てこなかったので何も知らなかった。この学校で日韓の歴史とか文化とかを学んで、より客観的にというか、そういう目が鍛えられている感じがして、日々新たな発見があって面白いなと思っています。

優しさとおもてなし

──関本さんはいつ頃、韓国へ行きましたか (S)。

関本 今年の夏休みです。行ってみて印象は180度変わったような気がします。高校生の時に神田外語大学に入りたいと高校の先生に言ったら、その先生はすごく韓国を嫌いな人で、私の書いた小論文について、「いや、韓国人はこういうところが悪い」「これは韓国人の気質だから違うんだ」みたいなことを、赤ペンですごくたくさん直されました。両親もあまり韓国を好きではなかったので、韓国に対して「自分は音楽が好きだからその面で良く見すぎているんだ」と思っていた部分があったんです。

　でもいざ行ってみたら、さっき距離感のお話もあったように、皆さん本当に優しいんですね。困っていたら年齢に関わらず、杖ついたおじいさんでもドアを開けて待っててくれたり、おばあさんでも、私が重い荷物を持っていたらすぐ袋に入れ直してくれたり。どこか日本より温かいなという気がしました。でもそれと同時に、おもてなしの精神というのはやっぱり日本独自なのかなと。その時も、海外に行くのが生まれて初めてで、なおかつ1人で行ったので、不安がすごく大きかったんです。

　初めて韓国の方とお話したのがホテルのチェックインの時だったんですが、韓国では18歳以下は1人でチェックインできないという決まりがあるらしくて、19歳だったのに18歳以下に見えてしまったみたいで、「駄目です」とすごく強く跳

ね返されてしまいました。言葉が不安だしどうしようと思っていたら、裏から出てきた方が、今日19歳が1人来る予定だからその子じゃないかと言ってくれた。それはいいんですが、そういう会話まで、全部こっちに聞こえるような大声で話している。日本だったらお客様に関する会話っていうのは聞こえないように配慮する面があると思うんですが。でも、ある意味そういうところが、隠し事がなくていいかなとも思います。

——**関本さんは、日本の併合時代に強制した創氏改名（朝鮮の人の名前を日本式に変える）にショックを受けたそうですね**(S)**。**

関本 正直、衝撃を受けました。

受験の小論文対策で韓国について学んだ

——**勝亦さんは、学んでみて印象が変わったとか、ここはどうかと疑問を感じたとか、そういう感想はありますか**(S)**。**

勝亦 自分も関本さんと同じでずっと韓国が好きだったので、学んでみて、歴史教科書問題とか「慰安婦」問題を日本はなぜ認めないんだろうと思っていました。

——**「慰安婦」問題とか徴用工問題とか、関心事ではなかったでしょう**(S)**。**

勝亦 受験のための小論文対策として、本を読んだり記事を見たりして調べたぐらいです。その時、悪かったと認めてもいいんじゃないかと思いました。

——**結局、受験の小論文は何について書いたんですか**(S)**。**

勝亦 テコンドーでした。

林 うちの小論文試験では、いくつかのテーマの中から1つ選んで、1000字くらいにまとめるんですが、その年度は、オリンピックでの韓国の金メダル獲得数とテコンドーの国際化に関する問いが含まれていましたね。あと、関本さんは小論文対策で、日韓両国でベストセラーになった『82年生まれ、キム・ジヨン』（チョ・ナムジュ著、斎藤真理子訳、筑摩書房、2018年）を読んだそうですね。

関本　私は本の中の主人公（ジョン）のように就職とか育児をした経験がないので、本当にこんなことがあるのかと、自分が同じ立場になった時のことが不安にも思いました。

金　勝亦さんが韓国を旅行したのはいつですか。

勝亦　10年前くらいに1回と、家族旅行で今年の春休みに1回。それと夏休みに1人旅で行きました。

金　10年前と印象は変わりましたか。

勝亦　10年前や春に家族で行った時は、タクシー移動でも道路がガタガタだったんですが、今回は道路も整備されていて、不自由なく移動できたなという印象です。

林　前からも整備はしていましたけど、私も久しぶりに行ったら、さらに綺麗になったなという印象が強かったですね。

金　それは、自然愛好家の林先生としては残念だったんじゃないですか。

林　残念というのではなかったですが、街の個性を考えることはありました。これについてはまたいつかお話ができればと思います。

話題を選ぶ?

──イ・スミンさんは日本人と話す時に、話しにくいこととか、この話題は避けた方がいいんじゃないかとか、気をつかいますか (S)。

イ・スミン　相手もあんまり話したがらない歴史問題とか領土問題は、会話の話題としては避けています。お互いの意見が国の立場として分かれていると、たぶん喧嘩になると思うので、あんまり話してないですね。

──相田さんは、韓国の人と接する時に、ちょっと気をつかったりするってことはありますか (S)。

相田　私の性格だと思うんですが、自分が聞きたいと思うことは全部聞いています。「領土の問題についてどう思う」とか、「「慰安婦」問題はいつまで引きずるの」

24　第1章　日韓の大学生が語り合う

とか、そういう話を友達には全部聞いていました。逆に向こうからも「あんたにとって天皇制は何なんだ」と言われたり、私も「あなたたちは「慰安婦」のこといろいろ言うけど、私だってベトナムのライダイハン*のことについて伺いたいけどね」とか言ったりして、相当ヒートアップすることもありました。

——でもきっと相田さんの姿勢だと、ヒートアップしても関係が壊れたりする感じはなさそうですね (S)。

相田 そうですね。最初に「ちょっとごめんね、勉強のためだから」というふうに断ったりすると大体受け入れてくれるので、そこは韓国の人の優しい部分なのかなと思っています。

——イ・ドンウンさんは、日本人はあんまり韓国について知らないとか、歴史問題を知らないなっていうふうな不満を感じることはありますか (S)。

イ・ドンウン 韓国について詳しく知らないのは特に気にしませんが、歴史問題についてはなるべく避けようとしています。ただ、それ以外は全部OKという感じで喋っていますね。私が主に話す相手は韓国語専攻の日本人学生で、お互い韓国語と日本語に興味があるわけです。だから言葉について話していると、お互い知らない文化とかいろいろ出てくる。それに関連して教え合ったりするのが大体ですね。

「反日教育」という概念がわからない

——上の世代は、韓国の学校では反日教育をしているというふうに刷り込まれているんですが、学校で反日教育みたいなことを感じたことはありますか。日本に来てから、あれは反日教育だったと思ったりするようなことはありますか (S)。

イ・ドンウン ……（質問の意味がわからないというふうに首をかしげる）。

---

* ベトナム戦争時にベトナム戦地に派兵・派遣された韓国軍兵士や労働者らとベトナム人女性との間に生まれた子どもを指す言葉。多くはベトナムに置き去りにされたという。

林　「反日教育」という用語については、まず少し補足させてください。反日教育という言い方は日本でされていることであって、韓国で反日教育という言葉自体はありません。「反日しましょう」なんていうような教育はないですから。

──ドンウンさんの反応を見ても、もうそういう概念自体がわからないっていうことなんですね (S)。

金　韓国の歴史教育の中で日本の植民地になっていた近代の話は避けては通れないんですよね。そういう教育は、日本に反対しろというよりは、近代史にあった大変な出来事をしっかり知らせることが目的ですよ。だから歴史教育を受けて反日になるという見方は、問題を単純化しすぎていると思うんです。

　日韓ともに、国家というレンズを通して相手を見てしまう傾向が強いですね。みんな普通の人間であると考える前に「日本人」あるいは「韓国人」として相手を見てしまう。しかし、そうした国籍の次元とは関係ない事柄もたくさんあると思うんですね。母国を離れた留学生は、言葉が理解できなかったり、ビザ問題だったり、国の存在が大きく感じられるきっかけが多いでしょう。逆に言えば、日常の環境では、国家という存在をすごく意識させられることなく生活できるという意味でもありますね。

林　多分に世代的なところも大きいと思いますよね。私とか金先生よりもまだ一世代上の人は、政治問題というアプローチから韓国に関心を持つという人たちが多かったと思いますが、今の20代前後の人たちはまったくそういうアプローチではありません。

──イ・ドンウンさんに具体的にお聞きしますが、例えば日本では豊臣秀吉はすごく人気があるんです。でも韓国では、日本で言う「文禄・慶長の役」、韓国で言う「壬辰・丁酉の倭乱」で朝鮮に攻め入っている。また伊藤博文も、日本ではお札にもなった偉人の1人だけど、初代の韓国統監で、それが元で安重根に暗殺されます。やはり彼ら2人には良い感情は持ってないでしょう (S)。

イ・ドンウン　……。

金　それも今の韓国の若者たちにはピンとこない質問だと思います。

林　当然歴史で学ぶ事柄ではありますが、それを身近に感じるかというと、特

26　第1章　日韓の大学生が語り合う

に今の20代前後の方にとっては、またちょっと別次元の問題かなという気がします。ただ誤解のないように言えば、やっぱり世代差ですよね。上の世代にしてみたらそれがすごく関心事になってしまう。だからやっぱり聞いてみたいことだと思うんですが、若い世代になってきたら、それは韓国あるいは日本へのアプローチとして全然入ってこないんですよね。確かに学校教育では、豊臣秀吉の朝鮮出兵とか伊藤博文が初代韓国統監ということは、歴史としては学習しているけれども、もう「それはそれ」ということなんだろうという気がします。

──ソウルに行ったら安重根記念館にはぜひ行きたいと思っていましたが、先生方のお話でもわかりました。韓国に接するポイントというのが、今の若い人たちの方がすごく増えているし、変わっていると認識しました。それはどっちがいいとか悪いとかという問題じゃないですね (S)。

林　私も安重根義士記念館には、30年ほど前には行きましたが……。

金　若いお2人はソウルではどこに行きたかったんですか。

勝亦　芸能事務所ですね。CNBLUEとN. Flyingというバンドが好きなので。

関本　私は韓国に行くことの1番の目的が漢陽大学の先生に会うことだったので、それ以外は、ある程度有名なところに足を運ぶかなっていう程度でした。

私たちの関係に妨げになるようなことはなくしたい

──**矢田さんは、今のお話を受けてどうですか** (S)。

矢田　私もわざわざ歴史の問題とかを話そうとは思っていなくて、何回か学校のSALC（Self-Access Learning Center＝自立学習支援センター）という交流スペースで韓国人留学生と話したんですが、その時もやっぱり歴史の話というより文化的な違いとか面白い発見を求めて話したので、お互いそういう話題ばかりでした。ちょっと言葉に詰まったりする会話は避けます。

──**気をつかったわけですね** (S)。

私たちの関係に妨げになるようなことはなくしたい　27

矢田　そこまで考えていなかったんですが、ただ単に良い関係を保ちたいという気持ちだったので。

――確かに、日本人同士でも急に政治の話はしないかもしれません。それを思うと、そういう問題の立て方は、1人ひとりに過剰なふるまいを求めているような面はありますね。反省します（笑）。

　関本さんは何か印象が変わったとか、そういうことはありますか (S)。

関本　今、相田さんが話されたことだったり、やっぱり一言断りを入れたり、気をつかってできるだけ触れないようにすることもあります。ですが自分は、相手にも気をつかってほしくないですし、自分もそういう話をする場面になった時には、相手に気をつかうことなく話したい。（避ける）理由は歴史と歴史の対立であって、今ここに来ている人と人の対立ではない。あなたが起こしたことでもないし私が起こしたことでもない。だから今ここにいる人間で対立するんじゃなくて、私たちが起こしたことではないかもしれないけど、それが私たちの関係の妨げになるのであれば一緒に乗り越えていこうという考えになるので、あまり気づかったりはしないです。自分も相手に何か強いことを言われたとしても、「いや、私がやったことではないから」、「私が生まれる前に誰かがやったことだから」というふうになると思います。互いに責め合おうというつもりもありません。

――勝亦さんはいかがですか (S)。

勝亦　私も歴史問題に関して、あまり避けようとは思いません。ただ初対面の席では話さないとは思います。でも歴史問題などを知る機会は授業とか記事のデータしかないので、実際に韓国人の方がどういうことを思ったり、どういうことを学んだりしてきたのかというのは、聞いてみたいと思います。

　Language Exchange（相互に母語を教え合うこと）の学内イベントで、韓国の高校生と話す機会があったんです。YouTube でどういうものを見てるかという話をしたんですが、Ado や YOASOBI などの日本の音楽の動画を見ているという会話の後に「あっ、それから……」と相手の高校生が「小泉進次郎を見てます」って言うんです。そんなところまで見ているのかと驚きました。その時、彼が「あ！」と気まずそうに「政治の話はやめた方がいいですか」と聞いてきたので、

「いや、 日本人の間でもネタにされている方なので構わないですよ」 と答えました。

林 皆さん、 ありがとうございます。 このように話を伺っていると、 まず大切なことは、 相手を思いやる気持ちで話題を考えていることがわかります。 もちろん、 聞きたいことがあれば、 それについてきちんと聞けることは大切ですが、 その話題を聞くことで相手が嫌な思いをしないだろうかと考えて尋ねることは、 これは国籍に関係なく大切なことでしょうし、 私たちが日頃から気をつかっていることではないでしょうか。 そして、 より相手のことを知る段階になり、 互いの背景にある過去の出来事などについてきちんと聞けば、 それを尋ねた意図を相手も汲み取ってくれるでしょうし、 それを話して理解し合うことで、 より関係が深められるものと思います。 こうした機会に、 普段大教室で一緒に学んでいる人たちがどう考えているかということを聞いたり、 上の世代とも話したりするチャンスがあれば逃さないでほしいと思います。

──学生の皆さん、 ありがとうございました (S)。

座談会を終えて

林 神田外語大学の学生6人に話を聞いたわけですが、 韓国に関心を持つきっかけはK-POPが多かったですね。 アーティストが喋っている言葉を聞き取れたらいいなとか、 韓国語で歌えたらいいなと関心が深まっていく。

金 母親と一緒に韓国ドラマを観始めたという日本人学生がいましたね。 韓国の留学生の中でも母親の影響で日本語を覚えた人がいました。 日韓ともに、 親子で相手国についての好感を育んできたことは面白くて新鮮でした。

林 私が神田外語大学に着任したのは2003年ですが、 その頃の学生の入学動機は、 日韓合作のドラマ*を観て韓国に関心を持ち始めたというのが多かっ

---

* 日韓共同制作ドラマ 「フレンズ」 (ウォンビン＆深田恭子の主演) が地上波で放映されたのが2002年だった。

写真3 「冬ソナ」人気を受け、期間限定としてJR東京駅などで販売された弁当。価格は1000円（2005年3月、林史樹撮影）。

たんです。まだK-POPが流行する前です。同じ頃、「冬のソナタ」の「ヨン様」（主演男優ペ・ヨンジュン）*にはまった母親に「第2外国語をやるんだったら韓国語にしなさい」と言われて韓国語を学ぶ学生が増えました【写真3】。

　私はそのような動機で韓国語を履修した人たちを勝手に「ハハオヤ系」と名付けたんですが、もう1つ「ギャフン系」と名付けたグループがありました。これは何かというと、2000年初頭、アメリカ、オーストラリア、中国などに留学する日本人学生が向こうに行ったら、韓国からの留学生がすごく多くて、同じアジア人という親近感から仲良くなっていくんです。その時、韓国人留学生はカタコトでも日本語が話せたりするんですよ、挨拶言葉ぐらいですけどね。ところが日本の学生は韓国語が話せない。悔しい、だから見返してやる、「ギャフンと言わせてやる」ということで勉強するというグループですね。そして今は「ウタ系」とでも名付けましょうか。同世代の人間から「K-POP良いよ、彼らダンスうまい

---

* 「冬のソナタ」の主演ペ・ヨンジュンのほほえみと人柄の良さそうな容姿が、日本の中高年齢層の女性たちのハートをわしづかみにした。日本の放映はNHK衛星放送が2003年だったが、その人気から2004年には地上波でも放送された。

よ」と聞いて、関心を持ち始める人たちがいます。

金　そういえば、私も海外で日本人の友達ができたことがきっかけで日本文化に興味を持つようになりました。その前からも日本の漫画やアニメが好きでよく観ていましたが、オタクというほどでもなく、積極的に日本文化を知りたいとまでは思っていませんでした。学部3年生が終わって語学研修のためにカナダに渡航しましたが、そこで日本人の友達ができたんです。もう30年来の友人になります。彼女らと同じフラットを借りて一緒に生活していました。私ぐらいの世代は、海外で日本人と仲良くなったという経験を持っている例は多いような気がします。林先生のおっしゃった「ギャフン系」ではなかったんですが（笑）。日本人の友達との共同生活の中で自然に日本語、日本料理などについての好奇心が膨らみました。学部で人類学を専攻したということも、日本文化についての興味を培うために良い刺激だったと思うんです。

林　その当時は、韓国の人たちも日本について少しは知っていても、簡単な挨拶言葉であったり、限られた形で入ってくる「日本」や「日本文化」であっ

写真4　若者の街・池袋にある、韓国語の看板の焼肉屋（2023年12月、金暻和撮影）。

たりしたように思います。逆に日本では、韓国のことはほとんど知られていませんでしたし、知人や友人ができることで韓国に関心を持ち、そして韓国の文化に関心を持つようになったと思いますが、今では韓国の情報があふれています。テレビをつければ、韓国料理が紹介され、街並みが紹介され、そしてドラマやK-POPが流れる時代です。韓国に関心を持つ入口がまったく変わったように思います【写真4】。

金　最初は、韓国ドラマやK-POPなどで興味を持ち始める場合が多いですよね。その後、韓国旅行に行ったり、インターネットで情報を探したりしながら、韓国についての知識と情報がだんだんと豊かになっていくと思います。韓国も似たような感じですよ。まずは漫画やアニメから日本に興味を持ち始めるケースは多いでしょう。

　そこで気になるところは、そういう経験や情報を、まずは「国」という色眼鏡をかけて見てしまう傾向ですね。「これは韓国のもの」、「これは日本風」という思いが先に働くため、他者や他文化との出会いで生まれるポジティブな省察が起こりにくいと思います。私の場合、幸い、カナダで出会った友達との人間関係の中から日本についての関心が大きくなりました。国についての先入観より、彼女らとの経験から日本や日本文化のイメージが形成されたと言いますかね。

　今、日本社会も韓国社会もナショナリズムが強まっているのは事実です。他民族、他文化に対して排他的なスタンスが強まることは世界的な現象でもありますが、だからこそ、それを乗り越えられる枠組みが必要なのではないかと。私は、国の代わりに、文化という枠組みに可能性を感じます。

　学生座談会でもある学生が「（負の歴史は）あなたのせいでもない、私のせいでもない。ただ互いの社会が背負っている部分である」という発言をしていました。これは素直で前向きな感覚と私は受けとめました。とりわけ歴史認識の話題はナショナルな話になりやすいですし、若者たちにとってはピンとこないでしょう。

林　ただ、一般的な韓国の人たちが「前の世代のことだから自分たちは関係ない」という彼女の認識を単純に受け止め切れるかどうか。つまり、「前世代のやってきたことの恩恵をあなたたちは受けているでしょう」という見方がある。それを含めたところで、彼女が日韓関係、あるいは韓国のことをどう捉えるのか。彼女は

32　第1章　日韓の大学生が語り合う

本当によく考えてくれていますが、もう一歩先があるんじゃないのかと、そう思います。

金 林先生は、日韓関係の今後のため、若い世代にしっかり助言をなさっていらっしゃるのだと思います。歴史についての認識も決して無視してはならない重要な観点というお考えに同意します。確かに、日本の若い人は韓国に対して後ろめたいという感覚がないんですよね。そういう意味からでも彼女たちの姿勢はナイーブでとても素直。良くも悪くもそんな感じがしました。

林 「私はこれが好きだ。だから韓国を知りたい」という感覚は、入口として大いに結構ですよね。それでいろいろと韓国のことを知っていった時に、「実はこういう複雑な側面もあるんだけどな」ということを、私は思ってしまう。もちろん私も講義の中でそういった話をしていますけれどもね。

金 でも大変ですよね、正規教育ではあまり語られない歴史の問題を若い人たちに話すというのは。

林 最終的にどういう見方をするかというのは、その学生個々人に任されること。上の世代から見た時には別の見方もあるということを、できる範囲で伝えておいて、そこから後は自分たちで補ってほしい。後は、彼女ら彼らが韓国の同じ世代、あるいは少し年配の世代と対話を繰り返しながら、学び取ってもらえたらそれでいいのかなと思っています。

金 なるほど。ただし、個々人に任せるということは、独りぼっちで考えなければならないという意味ではないですよね。いろんな情報に幅広く接してみる、さまざまな立場の人々と対話もしてみる、その上で自分ならではの見方をしっかり持つということが大事でしょう。

日本に対する各世代のさまざまな思い

——逆に韓国の若い人たちは、日本に対して「過去に被害を受けていた」という気持ちはあるんでしょうか (S)。

金 日本に対する認識・感覚には世代差が大きいと思います。私はインターネットの研究をしているので、年齢、性別ごとに人気のあるオンライン掲示板は常にモニタリングしています。客観的に調査した統計ではないんですが、日韓間の歴史問題について1番強い問題意識を持っているのが３８６世代ですね。1960年代生まれで、今は50、60代ぐらいになる世代の人たち。韓国が軍事政権下だった80年代に学生運動に熱心に参加した世代で、基本的に社会参加の意識が高い。日本の団塊の世代と少し似たところがあるかもしれません。

　その世代には「日本と競争しなければいけない」「植民地主義の歴史について日本に謝ってもらわないといけない」という強い意識があります。ただし、それは日本に対する単純な被害意識というよりは、韓国政府に対する主張や意見の形で表れる傾向があります。政治的、経済的な利益のために、歴史問題で簡単に妥協するのは駄目ということが基本的な認識なわけです。

　韓国の現代史の中で386世代はなかなか激しい経験をしてきた世代です。80年代には大学生として民主化運動を導き、90年代末には新卒、就活生として金融危機と急な不況を直接経験しました。さらに、2000年代初頭にインターネット・ベンチャー等のブームを作り上げた主役も386世代ですね。だからこそ、自己確信が強いわけですが、それが熱すぎて耐えられないという若い人たちも多い。

　この何十年間、日韓関係のあり方、国際社会における日韓それぞれの役割も大きく変わりました。個人レベルでの観光、交流もかなり増えました。日本に対する認識も、反日という一色の言葉におさまらなくなったと言えます。言い換えれば、年齢や政治的志向、個人的な経験などによって日本に対する認識は非常に多様で複雑です。このことをひっくるめて考えれば、若い人たちの日本に対する反感は過去に比べてさほど強くはないという結論に至りますね。

林 そうですね、金先生のおっしゃるように、日本に対する感情は幅広いという見方には賛成です。ただ一方で、2019年から日本製品不買運動が続いた時には、それに抗うことができなかったというのも事実です。もちろん、その時は日韓間に関する問題への文在寅政権の強硬な姿勢や、自衛隊哨戒機に対

する火器管制レーダー照射問題が引き金となった、韓国への半導体関連の輸出優遇措置の撤廃が直接的な要因になるわけですが。「だから、日本を許してはいけないんだ」的な行動に巻き込まれてしまうところは、フランスの心理学者ル・ボンが指摘したような群集心理が発動されてしまう怖さがあります。もちろん、歴史的な経緯に無関心な日本側にも問題はあり、せっかく韓国への関心が高まったのだから、もっと総合的に韓国・朝鮮について学ぶべきだとも思います。

神田外語大学では、今また、一時期停滞していたように見えた韓国からの留学生が増えてきましたし、数人の学生は私の講義にも参加してくれています。熱心に日本について知ろうとする彼・彼女らを見ていると、日本にももっと総合的に韓国について知ろうとする学生がいても良いし、そのことで互いの関係性がもっと良くなると思っています。

第2章
日韓関係を問う
反日はむしろ日本の概念

写真5　労働者が企業側に労働搾取の是正を訴えかけるデモ風景（2018年11月、林史樹撮影）。

長い交流の歴史がある日韓両国ですが、近代以降、日本帝国主義によって朝鮮半島が植民地にされた時代をめぐっては観点の違いが目立ち、現代でも課題となっています。戦争を直接経験していない世代が増えていく中、戦後の日韓交流の流れを踏まえつつ、「反日」「嫌韓」現象の経緯を探ります。
また、ネットが発達した現代、互いの言語的交流が生み出したピジン言語とも呼ぶべき現象も起こっているとか……？

親日と反日という見方

——日本の韓国報道を見ると、親日派と反日派という色分けがされます。尹錫悦^{ユンソンニョル}大統領は親日的で、文在寅前大統領とは違うとか、そういう反日的・親日的という色分け自体が、今日の韓国理解のためにはあまり有効ではないという論調もありますね (S)。

林 反日という言葉がどこまで的確なんだろうかと思います。反日はあくまでも日本から見た反日であって、韓国社会から見た時に、親日はあるんですが、韓国の人たちはたぶん反日という捉え方をしていない。わかりやすい例で言うと、文在寅政権とか李明博^{イミョンバク}政権などは、日韓の歴史について「日本が謝るべきもので、それは当然の主張」だという立場。でもそれは反日ではないんです。日本人が勝手に反日というラベルを貼っているだけで、彼らは反日とも捉えていないんです。だって「正統な主張」をしただけなので。

——日本で使われている「反日」という言葉は、意味が広がっていて、例えば日本政府に批判的な言辞をする日本人、あるいは反体制的な日本人に対して、「反日」という言葉を投げつけて批判している人たちがいるわけです。韓国に対して「反日」だと言う時は、その使い方と似ているかもしれません。座談会での留学生イ・ドンウンさんの反応でも、「反日」という言葉がまったく通じなかったですね。わかりやすい図式にしてしまうという日本のメディアの伝え方の問題があるんでしょうか (S)。

林 日本から見た時に、反日的という意味で1番目立ったのは不買運動＊だったかもしれませんね。ユニクロがダメージを受けたりアサヒビールが売れなくなったり。特定の国家に帰属する企業の商品だけを標的にするという意味では、アンフェアと感じます。ある種の抵抗意識ではあるんですが……【写真6】。

＊ 2019年頃、悪化していた日韓関係の中で、日本政府が韓国向け半導体材料品目の輸出制限措置をとったことに対抗する位置付けとして、韓国のネットを中心に日本製品の不買運動が起きた。その象徴としてユニクロなどがターゲットとなり、売り上げの減少・店舗の閉鎖を余儀なくされた。この不買運動の特徴として、SNSやオンライン・コミュニティでの呼びかけが指摘されている。

写真6　ソウルの江南(カンナム)エリアにあるユニクロ店（2024年7月、金曜和撮影）。

金　なるほど。政治、外交問題が経済やグローバル企業の営業にまで影響を与えることは望ましくないということですね。あの不買運動が起きた背景は、日本政府の半導体材料品目の輸出制限措置でした。それで最も打撃を受けるのはサムスンで代表される韓国のスマートフォン産業だったので、それを受けて韓国のネット世論が悪化し、不買運動まで広がったのでした。

　ただし、韓国で「日本」が盛り上がるテーマであるのは事実でしょう。特にインターネットで炎上しやすい題材です。例の不買運動には若者たちを含め、幅広い年齢層が参加しましたが、特に声を上げていた世代は、中高年の比較的富裕階層、いわば386世代にあたります。実は、韓国の世論を導く国会議員や政治家の中には、学生運動に熱心だった386世代が多いんです。日本でも60年代や70年代に学生運動が盛んでしたが、そのリーダーたちが現実政治の一翼を担う勢力にはならなかった。韓国の場合は、学生運動の主役たちがしっかり政治勢力となり、現実政治で活躍しています。昔の学生運動の中には

「反米・反日」というスローガンを掲げた系譜もありました。

林　それに加えて反共ですよね。反米・反共・反日がセットですよね。

金　現在の韓国政治で反米や反日など具体的なスローガンを大声で言いたてることはあまりないですが、国民情緒の根底に民族主義的な信念が貫いていることは事実です。ただし、民族主義といっても一色ではなく、幅広い多様性が存在しますね。韓国社会を良くしたいという強い意識は一緒ですが、その方向性はさまざまなわけです。そうした意味で韓国の政治は、民族主義のさまざまなスペクトラム（連続した範囲）のせめぎ合いで成り立っているとも言えるでしょう【写真7】。

写真7　政府庁舎の前で差別禁止法の制定を主張する僧侶たち。韓国では政治的な意見を積極的に表す市民行動が絶えない（2020年10月、金曉和撮影）。

林　そういった学生運動や社会運動が基盤になった人たちや運動のことを、「運動圏」という言葉で表現しています。

——日本の学生運動は社会主義を標榜していたんですが、韓国の場合はどうなんでしょうか (S)。

林　韓国も民主党の後を継ぐ人たちの中や、リベラル派の中にはたくさんいますよ。

金　韓国では共産党は違法ですね、北韓（プッカン）*を敵と規定しているので共産党の活動を認めていません。昔の学生運動圏の中には、マオイズム（毛沢東主義）や主体（チュチェ）思想（金日成思想）を主張する人たちが存在したのは確かです。ただ、今はそういう左派思想を露骨に主張する勢力はほとんどいません。資本主義だ

---

* 韓国では朝鮮民主主義人民共和国を「北朝鮮」ではなく「北韓」と呼ぶのが一般的である。

親日と反日という見方　41

けでは駄目だという認識を共有する人たちは多いでしょう。

林 リベラル派が訴えかけやすいのは「南北統一」というテーマなんです。それが1つの旗印になるから、文在寅前大統領なんかも、日本から見た時には北朝鮮寄りという印象が強いですよね。韓国の中でもそういう叩かれ方をされていたんです、なんで北朝鮮寄りなんだと。結局、北朝鮮は核開発を手放しませんでしたし、うまく利用されただけとも。でも、社会主義という言い方はちょっと行き過ぎかもしれないけれども、南北統一、北朝鮮との融和というのは積極的に受け入れられるわけですよ。南北統一というのは正統な理由ですから。

金 ただ、文在寅前大統領は、批判する勢力があったとはいえ、北朝鮮との関係を改善したことで人気が高かったんですよ。戦争への緊張感を緩和した平和主義を高く評価する一般市民が多かったのだと思います。

避けては通れない日本による統治の歴史

──40代後半で、日本に留学経験のある韓国人の方が、学生時代に反日教育を受けたとおっしゃっていたんですが……(S)。

金 私とさほど変わらない年代ですね。反日教育というと、具体的に何を指しているのか、私にはピンときません。

林 科目の中に「反日教育」なんていうものがあるわけじゃなくて、例えば歴史の授業の中で、日本に対して否定的な物言いをすることはもちろんあるわけです。日本ではそれを指して「反日教育」と言っているのではないかと思います。でももう、金先生や私ぐらいの世代が50代になっている。私たちの上の世代には少し盛った形で教育を行っていたけれども、今の50代、あるいは60歳前後の世代では、良い部分と悪い部分を冷静に見極めて教えようという意識は持っていると思います。

韓国が近代の歴史を語る時に、日本の統治時代のことは避けて通れません。韓国（朝鮮）からするとまったく望んでもいないことをされたわけで、否定的な語

りにはなるんですが、でも、それが反日教育なのかといえば違うと思います。
——創氏改名や韓国語の使用禁止などは、すごく屈辱的なことだと思うんです。歴史的に事実関係として習ったとしても、こんなひどいことを日本がやったのか、と思うのが普通だと思うんですが (S)。

林　それはもちろん、そういうふうに思いますよ、やっぱり。

金　私のような50代には、そんな感覚がしっかりありますよ。日本文化への好感とはまったく別問題として。だって、自分で経験したことはなくても、祖父母世代から植民地時代について直接に聞きましたもの。ただ、今の大学生の世代には、その歴史がはるかに遠く感じられるでしょう。彼らの親世代も植民地時代や戦争を直接経験してないんですから。前々世代の出来事をどこまで真剣に受け止めるべきなのか、歴史をどこまで個人の思いとして受け入れるべきなのか。日本だけでなく、韓国の若い世代にもそのような感覚があるのではないでしょうか【写真8】。

林　それを今さら言っても仕方ないんじゃないかという感覚は、すでに20代あたりでは見られそうですよね。

写真8　植民地時代に建てられた日本式家屋（いわゆる敵産家屋）を改造した釜山(プサン)のカフェ（2017年8月、金曖和撮影）。

避けては通れない日本による統治の歴史　43

日本に対する認識はどう変わったか

金　60、70年代の韓国にとって、日本は背中を見ていく存在だったんですよ。日本は半世紀も経たない短期間で敗戦国から経済大国へ立ち直ることができた。それは50年代の「6.25」*の廃墟からの再起を目指す韓国にとってはとても良い見本だった【写真9】。

　韓国の企業が日本の経営方式を一生懸命に学んだり、製品を真似したりすることがありました。歴史的には日本に対する反感はあっただろうけれども、片方には学ぶことは学ぼうという矛盾した感情だったんでしょう。1990年代後半まで日本の大衆文化は韓国で違法だったということがよく言及されますが、実は大衆文化というカテゴリーに含まれない日本文化は韓国で人気を集めていたんです。例えば、1970年代に山岡荘八の書いた歴史小説『徳川家康』が韓国で『大望（대망）』という題名で翻訳、出版されて大ベストセラーになりました。1980年代には、輸入禁止のはずだった日本の漫画が海賊版の形で流布していました。それらの漫画が日本のものだということを知らずに楽しんだという人たちも多いです。日本のゲームやアニメーションが大好きという人々も増えていきました。つまり、韓国社会において、日本社会や文化への関心は、断絶なく続いていると言えます。日韓間の文化的親和性はずっと高いと思うのです。

　21世紀に入ってからは韓国も経済的にずいぶん成長したので、日本が先行モデルという感覚は無くなりました。今は肩を並べる近隣という認識でしょう。ただし、韓国社会が自らを再発見する過程で日本との関係が重要だったのは確か。例えば韓国の大衆文化が1番先に好かれた国は日本ですよ。2000年代初頭、日本で起きたヨン様ブームというのは、韓国にとっても予想外の驚きだったんです。韓国では「冬のソナタ」の人気はそこそこで、作品としての評価もさ

---

* 1950年6月25日に韓国と北朝鮮の間で勃発し、1953年に休戦協定が結ばれた戦争のこと。日本では「朝鮮戦争」と呼ぶが、韓国では「韓国戦争」、「6.25戦争」あるいは、単に「6.25」とも呼ぶ。

写真9　朝鮮戦争で銃撃を受けた蒸気機関車。DMZ（非武装中立地帯）にある臨津閣平和公園に展示され、戦争の悲惨さを伝えている（2012年3月、林史樹撮影）。

ほど高くなかったので。それが日本で評判だという事実が韓国でも反響を呼び起こし、再評価する流れを作り出しました。どちらかというと、日本という鏡を通して自らを再発見する過程だったのではないかと、私は思いますね。

――**両国が仲良くしなきゃいけないという意識はあるんですか**（S）。

金　ありますよ。だから政権が変わるたびに、日本との関係をどうするかという方向性が大事なイシューになるわけです。日本との関係改善にやや消極的なイメージであるリベラル派でさえ、歴史問題の解決を最優先課題だと主張しながらも、日本との関係を改善しなければならないという課題は認識していると思いますね。

林　ただ政権の安定のためには、日本との関係性をどのように国民に示していくかが重要で、「弱腰」というのは政権への評価を落としてしまいます。国民は「強い韓国」を期待しますから。ですから、ときに国民を焚きつけるかたちで、日本への批判を強めたりして人気を保とうとするわけです。特にリベラル派

の中には、民族同士の解決が何よりも優位と考える立場もあり、そうなると日本との関係改善は優先順位的に下位になったりもするわけです。それに以前ほど、韓国の中で日本が魅力的に映っていないこともあるでしょう。経済的には著しく発展した中国との関係の方が重要と考える人も少なくないでしょうから。

金 韓国社会で日本を見本に経済発展を遂げるという認識が薄まったのは確か。以前は「日本に興味がある」「日本文化が好き」というと、変わった人だとか、オタクだとか言われ、何となく堂々と表に出せないイメージだったんですが、今はまったく雰囲気が違いますね。少なくとも若い世代の間には、日本が克服の対象や競争相手という認識はかなり薄い。それよりは、食べ物がすごくおいしいとか、漫画やアニメの王国だとか、とにかく文化的に好感を持つ人が多いと思います。

林 実際、韓国は日本の経済動向を常にベンチマーキング（比較して品質改善に活用）しているでしょうが、今やモデルとしてはたぶん捉えていないでしょう。自分たちのモデルに自信を持ってきている気がします。ただ韓国国内でも、住宅問題、雇用問題、少子高齢化問題など、対日外交の冷えよりももっと優先する問題をまずは片付けないと、日本がどうのこうのという状況じゃないですよね。

金 これからの日韓関係の鍵は、経済や政治的な側面より、文化的な好感と普通の人々による民間交流にあるのではないかと思います。日本でK-POPが人気ですが、韓国でJ-POPが大好きという人たちもたくさんいるんです。最近、ソウルや釜山のような大都会の若者たちが集まる繁華街で、日本語の看板を見つけることは難しくありません【写真10】。韓国の若者たちは日本の飲食文化にすっかり馴染んでいます。東京のコリアン・タウン（新大久保）までではないですけど、日本のファッションや音楽で埋め尽くされた繁華街もある。「エヴァンゲリオン」や「進撃の巨人」のシニカルなディストピアっぽい世界観に憧れる若者たちもいます。韓国で若者たちの「日本風」を、歴史認識の不在と捉え、懸念する声があることも事実です。でも、そうした日本文化への好感が存在することは間違いないですし、個人的には歴史や外交とは別次元で日韓互いの文化的親近感が大きくなる現象は決して悪くないと思うんです。

写真10 ソウルの龍山(ヨンサン)にあるハイボールを看板メニューにしている日本式の飲み屋（2022年10月、金曜和撮影）。

日韓交流の歴史的流れ

林 日本から韓国に向けられた関心で言うと、日常生活の中での目立った変化として、まずはスーパーで大きく変化が起こりましたね。1990年代に入ってでしょうか、キムチブームともいうべき現象ですね。2000年頃にかけてスーパーの陳列棚にどんどんキムチコーナーが現れました。

1990年代の前半は、韓国旅行というと若い女性が主流で、グッチとかエルメスとかブランド品を買いに行くというイメージがありました。90年代後半になってくると、キムチダイエットや唐辛子ダイエットという言葉も出てきましたが、エステブームで日本の女性たちが韓国に行く。そこで女性たちの韓国像というもの

がだいぶ変わってきたと思うんですね。それ以前で韓国に行くといえば、男性を中心とする70年代のキーセン（妓生）観光＊ですよね。女性目当てで、男性が大挙して韓国に行くという状況。女性はその頃は韓国には行かなかった。もちろん、キーセン観光も1980年に5.18光州民主化運動が起きて戒厳令が敷かれ、1982年1月まで続く夜間外出禁止令のため、いったん途切れるのですが。

　2000年に入ると、徐々に韓国映画が上映されるようになって「シュリ」（カン・ジェギュ監督、1999年、日本公開は2000年）や「JSA」（パク・チャヌク監督、2000年、日本公開は2001年）が日本でもヒットしました。1998年に大統領に就任した金大中大統領の政策で文化コンテンツに力を入れ始めてからです。

　また、そこにちょうどサッカーの日韓ワールドカップ（2002年）が重なったんですね。あの時の互いの印象がすごく良かったんですよ。韓国の人たちは、日本代表が敗退した後、日本の人たちが同じアジアだということで韓国チームを応援した姿を目にして、すごく衝撃を受けた。そこに友好ムードが醸成された。2002年に入ってからBoAの楽曲が日本でも大ヒットしたことも追い風になったでしょう。実はこの頃は、歴史教科書問題＊＊が間に挟まっていた時期ではあるんですが、文化面で見た時には非常に盛り上がりを見せたんです。そして「冬のソナタ」のヨン様ブームが非常に大きなインパクトを与えたという経緯がありますね。

金　前にも言ったように、日本で「冬ソナ」が大人気というニュースで大変驚いた覚えがあります。確か2003年、韓国のネット会社で働いていた時だったんですが、日本から友達が遊びにきたのです。喜んで案内役をするつもりで行きたい場所を聞いたら、なんと南怡島に行きたいと言うんです。びっくりしました。南怡島はソウルからちょっと離れた地域にある、川の上の小さな島で、とりあえ

＊ 主に買春目的の韓国旅行。全北大学名誉教授康俊晩の著書『売春、韓国を剝がす　国家と権力はいかにして性を取り引きしてきたか』（人物と思想社、2012年、未邦訳）によれば「1970年代、日本人を主な客とする観光キーセン業という名称が普遍化した。日本人観光客数は71年9万6000人余りから79年65万人余りに増え、このうち85％以上が男性だった」。

＊＊ 中国や韓国との間で教科書の記述をめぐる問題は何回か起きている。1995年に教科書検定申請された日本の中学校社会科（歴史的分野）の教科書に「従軍慰安婦」が記載されたことを「自虐史観」であると反発した「新しい歴史教科書をつくる会」が『新しい歴史教科書』（扶桑社）を作成したことで、中国や韓国から激しい抗議を受けた。同書は2001年に教科書検定に合格したが、実際に教科書採用した中学校はごく少数にとどまった。

ず遊園地ですが、海外の観光客を連れて行こうと思うほどの見所ではなかったんですね。

　小学生だった1980年代に、見学を兼ねた遠足でここに行ったことはあったんです。当時の韓国では若者向けの遊園地が少なかったので、少ない選択肢の中であそこが選ばれたと思うのです。とにかくトイレが汚くて、風景は退屈で二度と行きたくないと感じましたね。だから、日本からの友達があそこへ行きたいということは本当に意外でしたね。それでなぜかと聞いたら、南怡島とその付近の春川という町が「冬のソナタ」のロケ地だったんだと言うのです。半信半疑の気持ちでしたが、彼女に付き合って南怡島まで行ってみたら、もうすごいんですよ。日本や台湾から大勢の人が押しかけてきている。聖地巡礼と言うんですか。前にも言ったように、あのドラマ自体は韓国ではそんなに人気が高かったわけじゃなかったので、驚いたわけです。

林　その頃から韓国に行くのに理由はいらない、魅力的なコンテンツがたくさんあるから率先して行きたいという感覚に変わったように思います。

金　日韓ワールドカップの影響も大きいと思いますよ。韓国社会から見れば、おそらく初めて日本と同等な立場で国際イベントを開催したという経験なわけです。ネット右翼の研究をしている伊藤昌亮さん*は、「ネトウヨ（ネット右翼）が本格化したきっかけが日韓ワールドカップ」と、興味深い主張をしました。日韓ワールドカップをきっかけに日韓がもっと仲良くしようという試みがあちこちでなされていたんですね。その中でネット上に日韓共同のオンライン掲示板を立ち上げ、日韓の若者たちの対話の場を作ろうというプロジェクトがありました。自動翻訳ソフトがついている掲示板ならば、日本のユーザーの書き込みを韓国のユーザーが読むことができるし、韓国のユーザーの書き込みを日本のユーザーが読むこ

---

* 成蹊大学文学部現代社会学科教授。著書『ネット右派の歴史社会学　アンダーグラウンド平成史1990－2000年代』（青弓社、2019年）の中で日韓の右翼の歴史について語っている。それによれば、戦前から日本の右翼は韓国とつながっており、日本の右翼の源流・玄洋社の頭山満は、朝鮮の改革派指導者・金玉均との交流を通じてアジア主義に開眼し、韓国の改革勢力との交流を進めた。それを受け継いだ黒龍会の内田良平は韓国の政治団体・一進会と協力し、欧米の帝国主義に対抗する日韓合邦運動を進めたが、むしろ日本の帝国主義を後押しするものとなり、韓国併合へと至った。アジア主義の理念は大東亜共栄圏のイデオロギーへと変質する結果となったという。

日韓交流の歴史的流れ　49

とができる。実際に自動翻訳機能を備えた日韓共同のオンライン掲示板が運営されていたんです。

　ところが、そこで何が起きたのか。日韓のユーザーの間で観点の違いばかりが目立ち、しょっちゅう言い争いが起こってしまったんです。仲良くなるどころか、互いへの感情がどんどん悪化していった。実は、あの掲示板で活躍していた書き手たちが「2ちゃんねる」に移動し、韓国を非難するスレッドを立てたというのです。伊藤さんの考察によれば、日韓ワールドカップの時にネットで火がついた、その動きこそ「ネトウヨ」が顕在化した重要なきっかけでした。

「嫌韓」の始まり

金　韓国が好きという動きの影に、嫌悪も一緒に生まれたのではないかと思います。韓国が日本に抱く感情は常に複雑でしたが、似たような事情が日本にも生まれたんでしょうね。

林　確かにそうですね。韓国に対しての好感度が上がると、「なんで韓国にそんなに熱狂するんだ。日本に対して感情をむきだしで、ひどいことやっているじゃないか」なんて言説が出てくる。でも、ネットの世界でそういう発言が目立ってきたのは確かだと思いますが、社会全体で見た時にそれがどれだけ大きなインパクトを与えたかは疑問です。お互いに良い印象を持った人の方が多かったのではないでしょうか。

金　まったく同感します。新しい動きとしてネットに注目する傾向がある中、「嫌韓」という言説が過度な関心を集めた側面が確かにあります。

林　「嫌韓本」が出始めたのが盧武鉉大統領の時代（2003-2008）じゃないかと思います。彼の場合、最初は日本に親和的な態度をとったのに、ちょっと方向転換したところがあって、それに対して日本で反発が強まった。

金　「嫌韓」という言葉自体が出始めたのは、確か90年代半ばからですね。

50　第2章　日韓関係を問う

『SAPIO』（小学館）など、右派性向の記事が多く掲載される雑誌で使われ始めたと言われます。実は、90年代に韓国に対する否定的な言説に火をつけたエピソードがあるんです。1992年、韓国で放映された「憤怒の王国」（1992年、MBC）というドラマに日本の天皇を暗殺するシーンが描かれていました。それが日本で報道されて大騒ぎになったのです。日本政府から公式的な意見表明があったり、駐日韓国大使館の前で抗議行動が起こったりしました。また韓国では日本側の反応にさらに反発する人たちがいて、在韓日本大使館の前で抗議行動を行っていました。

──そういうシーンは日本ではとても見られないですね。天皇の写真が燃えるシーンがあった映画＊は「あいちトリエンナーレ2019」の「表現の不自由展・その後」が途中で展示中止になる原因の1つになっています (S)。

林　『マンガ嫌韓流』（山野車輪著、晋遊舎）は2005年に刊行されていますね。

金　「2ちゃんねる」で「嫌韓」のスレッドが大いに盛り上がったのも同じ頃ですね。「嫌韓本」の類が何冊も出されたり。もちろん日本社会全体の雰囲気ではなかったと思いますが、それが韓国で報道されて、日本についての反感につながった経緯があります。

林　当時は「冬ソナ」だけではなくて、「オールイン　運命の愛」（NHKBS2、2004年）など続けて韓国ドラマが放送されましたから、嫌韓流は確かに現れたけども、大きな流れとしては韓ドラ人気の流れの方が大きかった。

金　私はちょうどその頃から東京に住み始めました。その時も嫌韓という言葉は聞いたんですけど、実際にそうした雰囲気を感じることは一切なかったんです。むしろ日本でテレビをつけたら韓国ドラマが普通に放映されていてまたびっくり。嫌韓を実感するようになったのは、2010年代に入ってから。とりわけ東日本大震災の後くらいからだったんです。

──東日本大震災の前と後で印象が変わったという理由は何でしょうか (S)。

金　フジテレビの前で初めての嫌韓デモが行われたのが2011年8月です。そ

＊「遠近を抱えて PartⅡ（4点）」大浦信行監督作品。

「嫌韓」の始まり　51

れでいきなり嫌韓が主流になったわけではないですが、以前までは匿名掲示板に潜んでいた嫌悪が可視化された象徴的事件としては注目します。というのは、大震災の後は「今の日本は駄目」「しっかりした国に作り上げないといけない」という自己批判の声が大きくなる。その中で必然的に排他主義が強まってきたでしょう。そのような変化は、日本に住んでいる外国人だからこそ敏感に感じられたと思います。社会的な雰囲気が変われば、保守的な主張が追い風に乗りますね。例えば、災害からの復興とはまったく関係がないのに、平和憲法を改正しなければならないとか。

林 2012年に李明博大統領が竹島に上陸しましたね。あれは嫌韓に拍車をかけました。

金 ドラマだったり、政治家の行動・発言だったり、日韓間のさまざまな出来事が両国でどんどん感情的なネタになってきたんですね。

林 そのような状況の中、別の流れがあるようで面白いのは、これまで日韓で政治問題が勃発した時に、神田外語大学の韓国語専攻への志願者が減ったかといったら、減っていないんですよ。中国語専攻の場合は、日中間で問題が起きた時には、志願者数に響いたりするみたいなんですが。文化コンテンツという流れがあることが理由なんでしょうね。

——**中国語の場合はビジネスチャンスを求めていることもあるかもしれませんね** (S)。

「日本には原罪がある」という主張

——**林先生の著書『韓国がわかる60の風景』に「日本人は韓国に対して過去にひどいことをやったんだから、日本人には何をやってもいいんだ」と言っている人たちがいると書いてあるんですが、それは年齢が上の世代ですか** (S)。

金 そんなことを公に言う人は今やあまりいないんじゃないかな。ただし、似通った情緒が過去に存在したかもしれません。いまだにそれっぽいことを言う

人がいても、本当に日本人に悪く振る舞ってもいいという意味ではないはずです。ただ、韓国で語られた日本のイメージは植民地時代の苦痛の記憶と結びついていますので、決して肯定的なものばかりではありません。昔は日韓の交流も活発ではなかったから、日本との直接的な接点もあまりなく、辛かった過去と結びついた抽象的で否定的なイメージが強かったと思うんです。

林 2005年の中央日報の記事を引用して書いたものですが、もちろん、金先生の見解に異論はありません。ただ、例えば国旗を焼くという行為がありますよね。最近は見られなくなりましたが。そういう場合でも、日章旗はバンバン焼かれるんですが、当時でもあまり焼かれないのがアメリカの星条旗。で、まったく焼かれないのが中国の五星紅旗なんですよ。

——**外交的な力関係が反映されているんですね** (S)。

林 中国は国家レベルでどんな報復をしてくるかわからないので怖いからということだと思うんです。

金 韓国と中国の関係にはまたそれなりに複雑な歴史的脈絡があります。その国旗を焼く事件はいつ頃だったでしょうか。韓国と中国の間に国交が開始されたのは1992年。その後もしばらくは貿易の相手国として比較的に良好なイメージが続いたのだと思います。その一方、日本とアメリカは経済的にも外交的にも重要な相手ですし、国内政治でもしばしば言及される国ですから、反感と好感がどちらも出やすいと思います。また、歴史的にも、中国が朝鮮戦争の時に敵側だったのは確かだけど、植民地時代には韓国の独立運動を支援する側だったんですよ。当時、韓国の独立運動の拠点となった韓国臨時政府が中国の上海（後に重慶）にありました。だから「国旗を焼くほど悪いことはしていない」という認識があったかもしれません。

林 ただ、やはり日本には原罪があるという考え方で、これも2012年に起きた事件ですが、対馬の仏像が盗まれた事件がありました*。このような時、犯人

---

* 2012年に長崎県対馬市の神社や寺から、重要文化財の仏像2体などが、韓国人の窃盗団によって盗まれた。韓国の地方裁判所は仏像を韓国の寺へ引き渡すよう命じたが、韓国政府が控訴し、最高裁では日本の寺の所有権を認める判決が確定した。

は「もともと韓国のものが持ち去られたのだから取り返しただけだ」と主張するんですよね。大多数の韓国人たちは「自分たちの金儲けのために盗んでいるだけだ」と冷静に見ているんですが、一部の人は「その通りだ」などと擁護するんです。口実にしているだけなんですが、それに同調する感覚がどこかで残っている。何でも日本に責任転嫁しておけば、ある程度丸く収まるわけです。

金　日本にはそのように見えるかもしれませんね。日韓間にせめぎ合いがある場合、理屈を問わず日本のせいにする傾向は、今も一部続いていることに同意します。

林　ただほとんどの韓国人たちは、それを言い訳に使っているなということはわかっているんです。それはわかっているんだけども、阿吽の呼吸で「その言い訳を使ってきたか！」みたいな感じだと思います。

金　何でも日本のせいにするという傾向は、日本が嫌い、日本だから反対するという気持ちより、愛国主義の表明と理解しています。日本製品の不買運動もそういう流れだったでしょう。ただし、そういう感情に便乗する政治的言説もあるわけで、あまり建設的ではないと思います。

日本を留学先に選ぶ若者

金　韓国の社会は、皆さんが思うよりはるかにアメリカ寄りなんです。例えば、英語を上手に使わなければならないという意識がとても強いです。もちろん日本の教育でも英語は大事ですが、韓国の場合は求めるレベルがもっと上ですよ。子どもが英語に上達してほしいという親の希望で、もっぱら英語のために留学に行かせることも多いです。富裕層は子どもをイギリスやアメリカに留学させます。その次はオーストラリアとニュージーランド。さらにフィリピンなど英語教育が受けられるアジア圏に行かせるという、何となくヒエラルキーがあるのですね。一方、英語よりも先に中国語や日本語の学習を薦める親は少ないでしょう。ちょっと失礼な言い方ですが、積極的に日本語を学ばせる親は、韓国社会の超エリート

54　第2章　日韓関係を問う

の路線には関心がないと言えるかもしれません。

林 なるほど。今は日本語を選ぶくらいだったら中国語を選択するという人が多いですよね。ただ、逆に言うと、それでも日本に来る学生たちは、日本で何か学びたい、日本を知りたいという気持ちが非常に強いと思います。それに少し前なら、まだまだ日本は学ぶ対象だったということもありますし、近いから行きやすいし、入試でも有利だという計算もあるかもしれない。

金 実際には、日本への留学を希望する若者は少なくありません。アニメやゲーム、YouTubeなどで、何となく日本語がわかる、ちょっと喋れる場合も多いですし。だから、日本に留学する場合は、本人自らが日本についての興味を育み、親を積極的に説得したケースだと思います。

林 また意外と、日本への留学を親が容認したりもするんですよね。インターネット環境が立ち遅れているとしても、インフラは整っているだろうし、東京まで飛行機で2時間ですから、いつでも子どもの顔が見られる距離的な近さといったことがあるんでしょう。「妙な信頼感」と言えばいいのか（笑）。

ネット時代が生んだミックス言語「日韓ピジン」

金 多くの日本の若者たちは「アンニョンハセヨ（안녕하세요）」とか「マシッソヨ（맛있어요）」くらいの韓国語は知っているでしょうね。SNSでもハングルで発信することがはやったり、「#韓国っぽ」というハッシュタグが注目を集めたり、K-POPや韓国ドラマをよく見る若者たちにとって韓国語は近しい存在に見えます。

林 私も金先生の感覚に同感します。少なくとも「冬ソナ」以降は、韓国ドラマが日本でも数多く放映されましたし、そこから韓国の挨拶言葉に慣れていった側面はあると思います。「マシッソヨ」は韓国グルメの流行と関連しているかもしれませんが。逆に、その少し前の1995年、岩井俊二監督の映画「Love Letter」（韓国では1999年公開）をきっかけに韓国で「오겡끼데스까（お元気ですか）」

という日本語が大流行しました。

金　確かに！　「お元気ですか」は今もよく使われるセリフですよ。日本ほどではないかもしれませんが、韓国でも日本語がずいぶん親しい存在になってきました。

　長い間、韓国で日本語は「旧悪」とされました。植民地時代に日本語を強制的に習わされていたため、解放（日本では敗戦）後は日本語や日本式表現はなくすべき対象だったのです。それで昔の世代が使っていた日本語や日本式表現がだいぶ消えましたが、一部業界では今もその名残が強く残っています。

　例えば、私は以前新聞記者だったからよくわかりますが、韓国の新聞業界では「サスマリ」とか「ドクダネ」など、日本系の用語がいまだに使われています。「サスマリ」というのは、そもそも日本の新聞業界で使う「サツマワリ」という用語が変形したものです。主に新人の記者が記事の素材を得るため、警察に出入りする活動を言います。「ドクダネ」というのは、日本で言う「特ダネ」です。法律用語や建設用語にも、こうした日本語の名残が多くあると言います。

　韓国では、日本色が強く残っている古い表現を、わかりやすいハングルに変えることを「言語を純化する」と言います。

林　韓国にとって、この言語純化（醇化）運動は今日でも言われていますが、なかなか実行自体は簡単でないように思われます。私が韓国に通い始めた1990年頃でも「スメキリ（爪切り）」や「タライ」、「ベント（弁当）」や「タマネギ」に「タックァン（沢庵）」等々、数多くの言葉が日常的に使用されていました。それらを禁止して、正しい韓国語で呼ぶようにするのはもちろん理解できます。ただ今日の純化運動は、漢字の用法にまで及びます。1995年に、小学校のことを日本式の漢字語であった「国民学校」と呼ばず、「初等学校」に改称したのはよいとして、2024年5月から、「文化財」と呼んでいたのを「国家遺産」に変更しました。もし、漢字語まで問題視するとすれば、当然これだけで済まず、厳密に行うなら混乱しか招かないように思われます。

金　ところが面白いことに、歴史とはまったく異なる文脈から、日本語からの表現がどんどん浸透してきたんですよ。日本で韓国ドラマやK-POPが韓国語をはやらせるきっかけになったように、韓国でも日本のアニメやゲームが好きな若者

たちから始まった動きです。法律用語や専門分野の隠語ではなく、「かわいい」とか「おいしい」とか、日常的に使う普通の日本語を覚える人が増えたわけです。植民地時代とは関係のない、日本語のニューカマーとでも言いますかね。

　若者が導いているこうした風潮は、以前みたいに反感を買うこともありません。植民地時代が終わってからだいぶ時間が過ぎたということもあるでしょうが、やはりインターネットの影響が大きいと思うんです。今やSNSを介していろんな情報が常に共有されますし、YouTubeやNetflixなどのプラットフォームで両国のコンテンツを手軽に観ることができます。インターネットには国境がない。新しいメディア環境で日本語と韓国語がうんと親しくなれたのではないでしょうか。

林　確かに金先生のおっしゃる通りで、話を聞いていても明るい未来が感じられます（笑）。そもそも何が外来語かという定義自体がなかなか困難で、文字的な部分だけでなく、文化的なことまで含まれます。学生たちによく問いかけるのは「コーヒー牛乳は外来語か」ということです。コーヒーが外来語であることには気付いても、「牛乳」という語が明治以降に創作された語であることに気付かないことが多いでしょう。牛乳の加工品であった酪や蘇は古来一部の人々に消費されても、牛乳を飲むこと自体が明治以前にはなかったからです。つまり、その習慣が持ち込まれることで言葉も新たに生まれます。もちろん、日本で創作されたので日本語と言えなくはないですが、それで言えば、日本も多くの漢字語を「輸出」しましたが、それ以前に多くの漢字語を「輸入」していると言えるでしょう。

金　日本語と韓国語をあえて区分することでもなく、2つの言葉が混じり合った言葉遊びや隠語も生まれてきました。韓国語と日本語がミックスされたということで、「韓本語（한본어）」、あるいは「日韓ミックス語」と名付けられました。例えば、日本のSNSで「カムサする」などはよく見かけます。韓国語で感謝を意味する「カムサ（감사）」に日本語の「する」をくっつけて、「ありがとう」という意味で用います。「チンチャそれな」も同様で、韓国語で本当を意味する「チンチャ（진짜）」に日本語の関西風表現の「それな」が一緒になって「本当そうだよね」という意味になります。

ネット時代が生んだミックス言語「日韓ピジン」　57

一方、韓国の若者の間でも日本語が一部混ざった表現を好んで使う風潮があ
りますよ。例えば、ファッションや音楽をかっこいいと褒める時によく「カンジ
がある（간지가 있다）」と表現します。ここでのカンジというのは日本語の「感じ」
です。「良い感じだ」「雰囲気が良い」という意味で、こういう表現をよく用い
るんです。

林　私の場合、意図せず、韓国語と日本語がチャンポン＊になっていることが
あります（笑）。「チョムシムン（昼ご飯は）食べた？」などと……。もちろん、そ
の場合は、相手が韓国語話者だったりするんですが、韓国語の授業でもごく稀
に起きたりします（笑）。

金　私も思わず日本語と韓国語をチャンポンにしてしまうことがしばしばありま
す（笑）。そもそも日本語と韓国語の間には言語としての類似点が多いですよね。
だから、こうした融合が起こりやすいのでしょう。私なんかも30代に入ってから
本格的に日本語を習い始めましたが、10代から習っていた英語よりはるかに習
いやすかったし、速く上手になりました。日本語と韓国語は、基本的に語順
が同じで、似たような表現が多いために、比較的に楽でした。林先生も韓国
語はお上手ですよね。

林　からかうのはヤメテください（笑）。それこそ私の場合は、調査の中で覚え
た韓国語なので、私自身も気付かないうちに、さまざまな方言が混じっています
し、調査相手の性別や年齢もさまざまですから、かっこよく言えば、ハイブリッド
です。私の日本語自体も標準語で話しているようで大阪方言が混じっているので、
ハイブリッドと言えます（笑）。

金　先ほど「チャンポン」という言葉も出ましたが、異なる言葉が混じっている
ハイブリッドな言語を「ピジン（pidgin）」と言いますね。人類の移動性が著しく
増大した大航海時代、植民地主義時代を経て、世界のあちこちでピジン言語
がたくさん出現しました。植民地時代が終わり、自然になくなったピジン言語も
ありますが、長い間それを母語のように使う人口がどんどん増え、「クレオール

＊ 異なるものが混ざり合っている状態を指すチャンポンの語源には、鉦と鼓の音を組み合わせてできた
など諸説あるが、韓国でも異なるものが混じり合った状態を「チャンポン」と言う。

（creole）」言語（ピジンがそのまま定着し、植民地化された地域の正式言語となったもの）として独立的な言語に展開された事例もあるんです。日本語と韓国語がインターネットを介して、融合したり、新たな表現を生み出したりする傾向は、ネット時代だからこそその、ピジン言語の出現なのではないかと思います。

林 ネットが生み出したピジン言語という発想はとても面白いと思います。ただ、先ほど申し上げたように、私の使用する言葉がハイブリッドなように、「混じり気のない」言語を話す人間はどれほどいるんだろうかと。いわゆる「外大」にいる学生たちは、「正しい言葉」や「混じり気のない言葉」の恐怖と闘うように仕向けられるのですが、すべての文化が混じり合いでできていることに気付いた時、実は映し出された自分の影と格闘していたような、そのような呪縛から解き放たれるように思います。重要なことは「混じり気のない言葉」を駆使することではなく、何を伝え合うかで、これは金先生との今回の対談でも、怪しげな韓国語と怪しげな日本語の標準語、「超」ハイブリッドな言葉を用いている私自身の弁明でもあります。

食のコラム①
韓国で辛いものが定着したのはいつ？

――韓国で辛いものが定着したのは、秀吉の朝鮮出兵（文禄・慶長の役）の時に唐辛子を持って行ったことが始まりだという説は本当ですか (S)。

林　その時期に日本を通じて入ったという言い方はされていますね。塩とかニンニクとかが野菜の保存に使われていましたが、それに唐辛子などを加えることで、保存期間が延びる。最初から唐辛子を大量に使ったということではなかったようですね。

　今のキムチのように、唐辛子粉で真っ赤になった白菜キムチが登場するのは1930年ぐらいからと言われています。17世紀ぐらいの書物に唐辛子は出てくるんですが、その頃の使われ方というのは、糸唐辛子とか、塩漬けにした野菜に添加するような形で使っていたと考えるのが自然です。

金　私は北から来たいわば失郷民（シリャンミン）＊の家柄なんですが、うちではキムチは赤いものではありませんでした。あまり辛くもないのです。南部地方の真っ赤なキムチを見てびっくりしましたよ。うちみたいに平壌（ピョンヤン）の周りの平安道（ピョンアンド）地方の食べ物は辛くないのが普通ですが、東側の咸鏡道（ハムギョンド）地方の食べ物は激辛です。地域によって韓食（韓国料理）の辛さは結構異なります。最近は辛い味が結構トレンドになっているようですが。

＊朝鮮戦争の時、あるいはその後に、軍事境界線の以北から
　韓国へ避難し、その後故郷へ戻れなくなった人々。

第3章
ネットと韓国社会
「二代男」と「改革娘」

写真11　ソウルにある複合文化施設「ハイカーグラウンド」を訪れる若いカップル（2023年10月、林史樹撮影）。

近年の韓国政治でよく言及される「二代男」「改革姫」というキーワードをご存知でしょうか。男女平等を求めるフェミニズム運動と、それに対するバックラッシュの構図が大統領選挙にまで影響を与える大きな政治勢力を生み出しました。そして、家父長制に苦しむ女性の人生を描いた小説『82年生まれ、キム・ジヨン』は日本での韓国文学ブームの火付け役ともなり、日韓のフェミニズム的連帯を示すものでもありました。
その他、兵役への男性の認識変化、年齢を起点とするコミュニケーション方法などについても考えていきます。

「二代男」と「改革娘」

——最近の韓国の若者の特徴を表現する言葉に、「二代男」と「改革娘」というものがあると聞きますが、どんな現象を指しているのですか (S)。

金　若者と政治に関するものなんです。最近の選挙で若者たちの政治的な意見や傾向が比較的はっきりしてきましたが、特に男女間の違いが目立ってきたのです。保守的な傾向の若い男性を示す「二代男」*、それに対抗する、改革志向の若い女性を示す「改革娘」** という言葉が現れました。とりあえず、韓国では若者たちが政治的に関心を持ち、積極的に参加しているとも言えます。

　例えば、2022年の大統領選挙の際、保守的な政党が「女性家族部を廃止する」というマニフェストを出したことが論争を呼び起こしました。女性家族部とは、女性の権益増進と男女平等の実現を目的とする政府の省庁です。男女平等というユニバーサルな価値を掲げている省庁を廃止するなんて意外ですよね。実はこれは、保守的な若い男性たち、つまり、「二代男」の支持を意識した動きでした。

　個人的には、二代男の政治的な積極性は評価していますが、主張については、浅い社会経験、経験不足ゆえの視野の狭さが目立つのではないかと思います。しかし、彼らは大統領選挙で声を上げながら一定の政治勢力として影響力を持つようになりました。彼らの立場を代弁する政治家も現れ始めました。男女平等という大事な価値に反対するとはいえ、そんな動き自体は、若い層の積極的な政治参加という意味では肯定的な側面もありますが。

---

* 20代の男という意味の新造語で、韓国語の発音では「イデナム」と読む。2010年代後半に登場した、フェミニズムに否定的な感情を抱く若い男性を指す。男性の方が社会的には差別・抑圧されているとし、男女差別の解消政策やLGBTQなど性的少数者への権利を擁護することは男性に対する逆差別だと主張する。保守志向のオンライン掲示板で主に活動する。

** 二代男と対立的な主張をする若い女性たち。ジェンダー差別やLGBTQへの差別の解消を擁護し、性犯罪やセクハラを告発する「#MeToo運動」にも積極的に参加する。リベラル志向のオンライン・コミュニティや女性向けのオンライン掲示板での活動も多い。社会変革を求める行動派であり、改革の娘の意味の韓国語で「ケッタル」と呼ばれることもある。「ケ」は犬の意味にもなるので、揶揄的なニュアンスも入っている。

「二代男」と「改革娘」　63

林 この一連の動きについては、マスコミが加担したとも見ているのですが、いかがでしょうか。確かに2016年の江南駅通り魔殺人事件*など、女性を狙った凶悪犯罪がありました。犯人は女性に馬鹿にされた経験を語ったりするのですが、それを大々的に女性と男性の対立に仕立て上げたのはマスコミではなかったかとも思うんです。さも女性の敵は男性、男性の敵は女性という構図を決定的なものとして前面に押し立ててあおった側面があると見ています。そこに保守派の政策やリベラル派の主張をのせて、保守は若い男性の味方、リベラルは若い女性の味方といったわかりやすい図式を作り上げたわけです。たぶん保守政権が女性家族部を廃止したのは、女性を軽視したからではないでしょう。男性や女性という枠組みで国民を支えていくのではなく、困窮している人間は、男女とかかわりなく支えていくという考えだったように思えます。それに、当時セクハラ事件で訴えられて大問題になったのは、ソウル市長や釜山市長、忠清南道知事など、ほとんどがリベラル派でしたし、リベラル派の女性議員ですらそれをきちんと批判しませんでした。リベラル派が女性の味方なんて決して言えないわけです。

金 おっしゃる通り、ここまで至った経緯には複雑な社会的背景がありますね。ただし、言っておきたいことは、「二代男」が韓国の20代の男性を代弁しているわけではないという点です。彼らの主張は若い男子の中でもかなり保守的、右派の考え方です。同じく、「改革娘」も韓国の若い女性を代表するわけではありません。彼女らの主張は若い女性の平均よりずいぶん改革志向だと思います。「二代男」や「改革娘」は強めの主張や意見が拾われやすいインターネットから生まれた現象です。つまり、ネット世論の影響力が強い、韓国政治の特徴が映った現象でしょう。

---

* 2016年5月、ソウルの繁華街・江南駅付近にある建物の男女共用トイレで発生した殺人事件。34歳の男性が面識のない23歳の女性を刺し殺したもので、犯人は、女性によく無視されるのが嫌だったと供述。警察は女性嫌悪ではなく、精神疾患による通り魔的犯罪と結論。男は懲役30年の判決を言い渡された。

2000年頃から変化した男女対立の構図

金　ネット掲示板のご意見番から始まった「二代男」とは異なり、「改革娘」は2022年大統領選挙の時に、リベラル側の政治家の支持勢力として浮上してきました。女性擁護主義や極端なフェミニズムから生まれたわけではないので、リベラル志向の若い女性も比較的に受け入れやすかったと思うんです。

林　ただこの話は、男性が有利か、女性が有利かという話より、男性と女性が互いに見下して揶揄する話に変わってきているように思われます。たぶん2000年頃から関係性は変わってきた。いわゆる「味噌女」^{テンジャンニョ}＊といった言葉が現れてきたあたりから、男女対立の構図が変化し、今日までつながっているように思います。

　以前であれば男性は軍隊に行くものだし、行って帰ってきてある程度有利な形で企業に勤める、これは当たり前、女性側も面白くないとは思っていても、別に口に出してこれは男女差別だと言うわけでもなかった。ところが、2000年を超えて女性の社会進出が当たり前になってくると、社会の中でもなかなか強者に回れない男性陣たちが不平を口にし始めました。あるいは女性に対して攻撃を始める。そこで今度は女性側も負けずにいろいろと言い合う。それを先ほど話したようにマスコミがあおり立てる中で、女性を対象にした通り魔事件が起きたわけです。以前も1980年代から90年代にかけて女性を狙った殺人事件（2003年公開のポン・ジュノ監督による映画「殺人の追憶」のモチーフになった）などがあったのですが、江南駅通り魔殺人事件は、いわゆる「女嫌」^{ヨヒョム}（女性嫌悪）とか、男女対立の枠組に組み込まれた事件だったと思います。

　でも、実際に今の韓国人男性を見ていると、みんなとても女性に優しいですよ。

＊　お金もないのに外見を飾る見栄っ張りな若い女性を意味する嫌悪表現。片手にはスターバックスのコーヒーを持ち歩いたり、ブランチカフェで高めの食事をするなどの姿として描写されることが多い。ちなみに、2000年代初頭の韓国ではスターバックスのコーヒーは高級という認識があった。

留学生たちを見ていると特にそのように感じます。気づかいもよくしますし。もちろん、日本人男性もそれに劣らず女性に優しいと信じていますが（笑）。

金　韓国の若者の間ではジェンダーはホットなトピックです。例えば、デート費用を誰が持つかというトピック。ネットでさまざまな意見が飛び交っています。男性が出すという昔からのやり方がもう通じないので、男女同等に払うことが増えたのは事実ですが、一方にデート費用は男子が払うべきという意見も依然としてあります。それに対し、男性への逆差別なのではないかという批判もあります。

　しかし、韓国社会の全体的な状況からは、まだ女性が不利な立場なのは事実です。同じ仕事をするのに給料が低かったり、出産・育児のため経歴が途絶えてしまったり、社会で活躍するという意味で女性の方がしんどい経験をさせられていますから。ただし、男女平等に向けての変化が起こっていることも確かなので、一部の若い男性からは「苦しいのは自分たちだ」「女性より男性の方が抑圧・差別されている」と声が上がってしまう。女性の社会的地位が高まっていることに対する、一種のバックラッシュでしょう。

林　金先生のおっしゃる通りと思いますが、そのような不満を口にする20代の男性が表に現れてきたということが、大きな変化ですよね。90年代だったら、そんなことを口に出すこと自体が「男の沽券」にかかわったし、周りからも相手にされなくなったと思うんです。

金　なるほど。そういうふうに考えることもできますね。匿名のインターネット空間だからこそ、男性も恥ずかしがらず、本心を吐き出しているのかもしれませんが。日本と比べれば、韓国の若者たちは、社会問題や政治について自分の意見を表明する方だと思うんです。韓国でも若年層の政治への無関心を懸念する人々は多いんですが、日韓の両方を見ている私に言わせれば、日本の方がもっと深刻というか、心配なんです。

──韓国の若い人は、どれだけ自分の生活と政治を結び付けて考えているのでしょうか (S)。

金　比較的密接なものに感じていると思います。例えば、お年寄りよりの政策を繰り広げる現政権は若者にまったく人気がない。若者の政権支持率はずっ

と10％台にとどまっています。 上の世代よりずいぶん低いです。

林 それは経済格差が背景にあると思うんです。 いわゆる既得権を握った世代と、 もうそういう旨味が得られない世代とで。 それが支持率に如実に表れていると思います。 その中で保守とリベラル、 どちらの方が若者に寄り添った経済政策をとってくれるか見極めようとしている。 保守に入れてみたけども、 自分たちの生活が変わらないじゃないか、 やっぱりリベラルの方が良かったかな、 みたいなね。

——**20代の大統領選挙の投票率はどのぐらいなんですか** (S)。

金 統計によれば、 50代が約65％、 60代が約70％で、 20代、 30代は50％を少し下回るくらいですね。

——**それでも日本の国政選挙の若者の投票率30％台前半に比べたら、 雲泥の差ですね。 大統領選は直接選挙だから、 それが影響してるんでしょうかね** (S)。

金 まず投票用紙に選んだ候補者名を手書きで書くのをやめるべきなんでしょう。 韓国はハンコ＊ですから（笑）。

男子だけに兵役はアンフェア？

金 韓国の若い男性が社会的イシューを自分の問題として考え始めるきっかけが兵役なのだと思います。 男性だけが軍隊に呼ばれるわけですから、 男女平等に敏感に反応・反発する気持ちもわからなくはないですね。 昔は、 兵役は名誉という考え方がありましたし、 女性は差別される存在という社会通念に大体の人が共感していました。 だから2004年、 盧武鉉大統領時代に男女平等な社会を実現させようとする女性家族部の新設が支持されていたんです。

　ところが、 女性の社会的地位が上がるのにつれて、 兵役を控える若い男性からは不満の声が出始めました。 女性は軍隊に行かないでしょと。 学校では

＊ 韓国の選挙制度では、 投票場で候補者一覧が印刷された投票用紙が渡され、 その中で選んだ候補者名の押印枠内に赤いハンコを押す。

女性の方が大体成績優秀ですし、採用時に女性のクォーター（割り当て）が別途にあったりする。若い男性の一部は、差別されているのは女性ではなく、自分たちだと言いたいのです。

　女性側にもしっかり言い分があります。学生時代や新社会人の一時期に女性が有利に見えるかもしれないが、ライフステージを眺めれば、依然として不利なんじゃないかと。女性は子どもを産むし、育児中は社会活動が制限されるので、依然として厳しい立場なのだと主張するわけです。

林　以前であれば軍隊に行くことは、一人前の男性としての1つの通過儀礼でした。軍隊に行くことにプライドを持っていましたしね。でも徴兵されても、実際に軍の服務に就くとは限らなくて、交番勤務や内勤だってある。もちろん、行けばつらい訓練はあるし、危険だってあるので、心底行きたいという人ばかりではなかったでしょうが、それでも「俺は海兵隊だったんだ！」などとプライドをのぞかせます。

金　その通りです。飲み会では「冬季の訓練が厳しかった」とか「専任兵士に殴られて大変だった」など、軍隊経験を自慢気に話す男性が多いですしね（笑）。冗談話ですが、デートの時にしちゃいけない話題が3つあると。1番目が軍隊の話、2番目がサッカーの話、3番目が軍隊でサッカーをした話（笑）。今は女性の中にサッカー・ファンが多いですけど、ワールドカップ以前は、サッカーは女性に人気がなかったもので。

林　確かにJリーグが発足する前は、日本では野球人気が圧倒的だったのに対し、韓国はサッカーが大人気でした。90年代の終わりに長期滞在していた調査地では、気のあった仲間同士で早起きをして、早朝にサッカーをする人が多かったですね。市役所同士でのサッカーの対抗戦までありましたよ。

金　話を戻せば、韓国の少子化問題が軍隊にも影響を及ぼしています。人口が減っているので、軍隊に必要とされる人数が集まらないという事態が起きるんです。

──少子化が激しいために軍人の絶対数が不足し始めているので、今までは兵役免除だった中卒者や高校中退者も対象になったり、スマホの持ち込みもOKになったりしているようですね（K）。

金　私の世代では、軍隊に行きたくても行けない男性も結構いたんですよ。軍

隊の受容できる人数が限られているから、同年代の人口が多ければ、身体検査で落とされるんですね。だからその時代には、軍隊に行けないことを恥ずかしがる雰囲気さえあった。でも今は、誤解を恐れず言えば、「問題がありそうな人」でも軍隊に行かせると言います。反面、金持ちやお偉いさんたちが息子の兵役を忌避させる問題も起こっています。

林　確かに入隊忌避問題は、昔からありますね。特に昔の方が服務期間も長かったですし、軍隊内でのしごきもひどかったと聞きます。そこで偽の診断書を書いてもらったり、それがばれたりと、いろいろと話も聞きました。

——ウクライナ戦争が始まる前と後では、自分が実際に戦争に参加するかもしれないというリアリティがだいぶ違ってきたんじゃないですか。自分が実際に銃を撃つということを、どのくらい想定しているんでしょうか。でも、北朝鮮とは休戦中なだけだから、リアリティはあるんでしょうか【写真12】(S)。

写真12　韓国最北端の駅・都羅山（トラサン）駅付近の売店では、憲兵人形などの記念品や付近で収穫された黒豆や米、北朝鮮の酒が売られている（2012年3月、林史樹撮影）。

男子だけに兵役はアンフェア？　69

金 軍隊に行ってからようやくリアリティを感じるのではないでしょうか。例えば、延坪島みたいに銃撃事件＊が起こったりすると、兵士たちが外出不可になる。そういう時には緊張感はあると思います。

林 昔も今も男性たちはできれば軍隊に行きたくないわけですが、延坪島の砲撃事件の前にも、同じ2010年に韓国の哨戒艦「天安」が、北朝鮮からの魚雷によって沈没させられた事件があったんです。その時は、徴兵に応じる若者が増えたと聞いています。祖国を守らなきゃという意識が発揚されたというわけですね。実は2023年下半期も北朝鮮からの挑発が相次ぎ、2024年の年明け前後に海兵隊などへの志願者が増えたそうです。

――かなりリアリティを持って軍隊に行くんですね (S)。

金 最初はリアリティを感じなくても、兵役に服するうち、「本当に戦争に投入されるかもしれない」と実感する瞬間が来るでしょうね。手投げ弾の訓練で亡くなる事件も実際にありますから。ただし、社会一般的な雰囲気としては、休戦状態が半世紀以上続いているので、戦争が終わっていないということを現実的に感じるきっかけは少ないんです。また、兵役といっても勤務内容はいろいろあるんですよ。運転担当もあれば、炊事担当もある。区役所で事務を執る場合もあります。

林 以前あったのは、偏平足は足が疲れやすいからと、比較的軽い勤務に回すようなことも行われていたみたいですね。偏平足が科学的にそうなのか知りませんが。

金 過去には身体条件を満たしてないため、兵役を免除されることもしばしばでした。最近は、徴兵対象者が不足するので、偏平足でも徴兵されると聞きます。

＊ 2010年11月23日、延坪島近海で起きた韓国軍と朝鮮人民軍とによる砲撃戦。韓国軍の実弾を使った軍事訓練に対し、北朝鮮側は「我が国の領海への砲撃は反撃する」と通告していた。

「学番」が同じだとすぐ仲良くなる

──少し話を一般論に戻しますが、日本と韓国の友達付き合いにも、微妙な違いがありますね。学生と接していていかがですか（K）。

林 韓国社会はリーダーシップを求める人が多いし、またリーダーシップを執ろうとする人が多いように思います。例えば神田外語大学に来た留学生を囲んで歓迎会をする時も、二次会に行ってきなよとけしかけても、日本の学生は動かないんですよ。そういう時には、留学生にリーダー役を頼むと、日本人の学生も別に行くのが嫌なわけじゃないので、二次会が成立する。リーダーシップを求める・求めないというところに違いがあるんじゃないかと思いますね。

金 確かに日本よりは積極性やリーダーシップを評価する社会的な雰囲気がありますね。学生の座談会で韓国人留学生が、「旅行で日本に来た時に、街に癒される気がした」と言っていたんですね（P13）。それはよくわかる気がします。韓国にはとにかく「イケイケドンドン」という熱々の雰囲気があるのですが、逆に言えば、個人にのしかかる社会の圧が強いんですよ。それが大変と感じる韓国人も少なくないんです。おそらくそんな韓国人が日本に来たら、気持ちが軽くなるでしょう。外国だからということもあるでしょうが、個人ごとの個性と好みをありのままで認めてくれる社会の雰囲気にほっとする感覚があるのでしょう。

林 自分が1人でほっとしたい時はそうできる。確かに、親しくならないとなかなか内面を見せてくれないという心の距離に寂しさを感じたりはするんでしょうが、「もう入り込まないで」と思っている時に、日本人はあまり入り込んでこない。彼はそういうところで安心感を覚えたんでしょうね。

金 他人事にあまり入り込まない日本人の傾向が、韓国人には人間関係が冷たいと感じさせる要素でもありますよね。「日本の街の雰囲気で癒された」と言った留学生の彼は「日本で友達は作りにくい」とも言っていましたよね（P20）。確かに、日韓の友達の作り方は異なりますね。

例えば、韓国だとすぐに「あなた、何歳なの」と聞くんですよ。まず、年齢の確認で仲良くなるきっかけができる。同じ歳なら直ちに「友達」ですよ。年齢の上下によって すぐ「ヒョン」（男性が年上の男性を呼ぶ時の呼称）、「オッパ」（女性が年上の男性を呼ぶ時の呼称）、「オンニ」（女性が年上の女性を呼ぶ時の呼称）、「ヌナ」（男性が年上の女性を呼ぶ時の呼称）などに呼び名が変わっちゃうとか。ただ、これはあくまでも私的な付き合いでのことなので、ビジネスやオフィシャルな場では真似しないでほしいです（笑）。

——年齢の上下で、食事に行ってもおごらなきゃいけなかったりしますか (S)。

金　そうですね。ただ、やらなければならない義務というより、年上がおごるという慣行をみんな何となく知っているという程度の圧ですね。おごらなくても全然問題ないけど、ちょっと気になるのは確かというか。年下の方は少し期待をしてしまうというか。

林　食事代を誰が持つかということについては、韓国社会の方がその期待値が高いというだけで、日本でも同じことが言えますよね。これまでは、男女で食事に行けば、雰囲気的に男性が会計を済ませることが多かったですし、それが期待されていました。明らかな年長者と年少者が食事をする場合は、年長者に支払いが期待されるでしょう。もちろん、そこに雇用関係や資金の関係があれば、女性が会計を済ませたり、年少者が支払いをしたり……。ですので、いったん関係性が決まってしまえば、打ち解けて話ができるんですけど、関係性が決まらない間は、喋り方も気をつけないといけない。

金　そうなんです。ある程度の社会的脈絡があった上、お付き合いをするという傾向ですね。例えば、韓国の大学では年齢や入学年が同じだとすぐ友達になれますね。韓国では大学の入学年を「学番」と言います。先に話した「386世代」の8というのは80年代の学番という意味です。出身大学が違っても同じ学番とわかると、いきなり親近感が生まれる。「同じ学番だからチング（友達）だね」、「生まれ年が同じ同士だからタメロ（パンマル）でしゃべろう」という展開が可能なわけです。もちろん私みたいに、友達作りにもっと時間がかかる人もいますよ。だから私は、そんな急な展開にはちょっと引くんですけど（笑）。

72　第3章　ネットと韓国社会

林　日本でもプロ野球選手なんかは単純に年齢で上下関係を決めているし、芸能界は業界入りした順で「ニイさん」とか「ネエさん」と言いますよね。ああいうイメージですね。

金　日本だと「あなた何歳なの?」っていきなりは聞かないでしょう。聞くのはちょっと仲良くなってからじゃないですか。

林　韓国でも「お歳は?」と聞く時もありますが、「学番は?」と間接的に聞くことも多いでしょう。

金　確かにいきなり聞くのは韓国でも礼儀正しくないというか、あまりにも直接すぎると嫌がられますが、「学番は?」と聞くと、それほどの抵抗はないですね。林先生は韓国にいらっしゃっていた時に、そういった付き合い方は気にさわりませんでしたか?

林　いや、別になかったですね。日本でもない感覚ではないんですよ。例えば私だって、高校の体育系クラブとか大学の体育会とか、そういった世界で慣れているので「うん、同じじゃん」みたいな感覚です。別にそれで人間としての上下が決まるわけでもない。

金　異なる側面もありますけど、日韓共有している感覚ですよね。

林　日本の学生は年齢を聞いてどっちが上下と決めるということにあまり馴染まない、抵抗感を持つ学生もいると思うんですが、そうではなくて、上下といってもそれがすごく大きなものでもないし、それに乗っかってしまえばいいだけで、そんなに身構えるものでもない。たまたま「こちらが年上だった、そちらが年上だった」というだけ。それにふさわしい言動で付き合っていけば全然問題ない。

　関係性がわかるからですね。ルールさえ決まってしまえば、あとはそのルールに従って人間関係を作ればいいだけですから、ある意味で楽ですよね。

金　社交のための技術みたいな感じですね。

友達の距離感が違う

——韓国の人は同じ年齢だとすぐチングというお話ですが、そのチングの中のさらに大親友みたいな、友達のグラデーションというのは幅広いものですか (K)。

金 韓国の親友というと、例えば、恋人にふられてものすごく落ち込んだ時に、ワーッと泣く姿も見せられるような相手。酔っ払っても泣いちゃっても「うんうん、今は泣いてもいいんだ」と慰めてくれる。さらに、いきなり「じゃあ、違う女の子を紹介する」と言って、本当にその場に女の子を呼び出したりするかもしれない。無茶苦茶だけど親友だからそういうことができるという感覚ですね。つまり、韓国で親友とは、自分の1番醜いところ、1番恥ずかしいところを見せてもいい仲ですよ。けど、日本だと親友だからこそ大変なところを背負わせたくないという気づかいをするでしょう。1番大変なことが一段落したら「実はね、こういうことがあったんだよ」って言ってあげるような相手こそ親友という感覚でしょう。

林 悩みがあっても、親友に打ち明けることによって、その親友を一緒に悩ませてしまうから言わないでおこう的なね。関西にはないですけど、東京にある距離感のように思われます。

——重すぎる話は親友には逆にできなくて、ネットで知り合った人とか、そういう関係性の人の方が気楽で良いかもしれないですね (K)。

林 これは世代も関係してくるし、地域的なことも絡んできますから、一概には言えませんが。

金 話が戻りますが、とりあえず、韓国ではグデングデンに酔っぱらって「一緒に壊れる」という時こそ、親友になる機会です。また韓国の親友関係では、いちいちうざいことを言い合うんです。「あんた今着てる服おかしいよ」とか、「ヘアスタイル変えなきゃ変だよ」とか、そういうことを率直に言ってくれるのが親友。日本だと髪型がちょっと変だと感じても、まずは「今日もかわいいね」と優しく言ってあげるんじゃないかな。もしちょっとした嘘が入っても、偽りではなく、配慮と

74　第3章　ネットと韓国社会

して受け止める。そういう意味では日韓の親友のあり方はだいぶ違う気がしますね。

——ちょっと日本の「親友」を美化しすぎのような気もしますが (S)。

林 韓国でも、必ずしも醜態をさらさないといけないわけではないんですよ (笑)。

金 韓国人留学生の彼が「友達の距離感がわかりにくい」と言っていましたが、おそらく一緒に崩れて自分を壊してくれる人がいないという気持ちだと思うんです。

——日本だとそういう関係を築くには時間がかかるような気がします (S)。

林 韓国だったら、1回グデングデンになるまでに飲めば、もう5、6時間で大親友になりますよ (笑)。

金 本当にその通り。

——そうすると、親友が大勢できるわけですか (K)。

金 必ずしもそうとは言えませんね。韓国人の中にも酒なんか飲まないという人もいますし (笑)。

林 私がサーカスの研究のため現場に行っていた時だと、一緒にグデングデンになって飲んでものすごく仲良くなった間柄でも、裏切り・裏切られはあったりするんです。それをどう考えるか。韓国の場合、そこら辺も割り切っていて、裏切られたと思ったら、その時に「アイゴー！」って叫んで、「親友に裏切られたんだから仕方がない」ですっぱり終わるんです。それはそれでいい関係じゃないかなと思います。親友と思ったやつに裏切られた、もうそれは仕方ないんだと、リセットして前向きに捉えていくという関係性。

——その親友にも何か事情があったんだろうなと思えるわけですね (S)。

林 うーん、そういう事情があったかどうかまで考えようとするかはわからないですけれども。ただ、親友だからこそ腹を割って話せるし、相手に委ねられるというのは、決して悪くない関係性だと思います。

友達同士にゴメンはない

金　韓国の人は、親友同士で「ごめんなさい（미안합니다）」とか「すみません（죄송합니다）」とは、あまり言わないですよ。もちろん、深刻な過ちや失礼をした時には、ちゃんと言わなければならない。ですが、やや軽い過ちに対して謝罪をすることは、逆に距離を感じさせるというんでしょうか。「私たちこんな親しいのに、なんでそんな寂しいことを言うのよ」という感覚です。

林　「ありがとう（고마워）」というのも水くさいと思われませんか。もう友達なんだから「当たり前じゃん」という感覚。ただ最近、そのような従来の人と人との距離感がどうも変わってきているんじゃないかと感じています。

金　どんな点が変わったと感じられますか。

林　「ごめんなさい」や「ありがとう」とあまり言わないのは、礼節を重んじないから言わないのではなく、親しさを示す意味で言う必要がないと捉えていたわけです。いわゆるタメ口も同じで、親しいからこそわざと気をつかわないぞんざいな言い方が使用できるわけで、距離を置かない関係性を作ります。逆に礼節を重んじる場合は丁寧な言葉を用いなければなりません。わざと距離を置くわけです。ところが、最近ニュースを見ていたら、教師に対して暴言を吐いたり不遜な態度をとったりと、昔の韓国社会ではまず考えられないものがありました。これも距離感ですが、先生に対する敬意がだいぶ崩れているように見えるのですが。私などが見ると、そこに韓国社会のあまり好ましくない変化を見てしまうんです。

金　確かにそのようなニュースは増えましたね。しかし、それがニュースになったということは、当たり前なことではないという意味なのでしょう。教育現場の雰囲気は変わったようです。少子化問題ともつながっているでしょうが、やはり子どもをとても大事にする風潮、親が子どもの教育に非常に力を入れる社会的雰囲気が影響を与えていると思うんです。結果的に、子どものことならあらゆ

76　第3章　ネットと韓国社会

る事柄に親が関与したり、介入したりする傾向が著しくなったと言われています。会社でも新入社員の親から「うちの子はこの部署に配置してほしい」なんていう電話がかかってくるという話も聞いたことがあります。韓国社会は教育熱が非常に高いことでよく知られますが、それが行き過ぎた形で現れた結果でしょう。

　ただその一方で、大学では、教授に対する学生の態度は全然違います。いつも丁寧な言葉で礼儀正しく接してくれる。まあ先生に良い点数をつけてもらわないと就職に不利ということもあるのかもしれませんが。私は日本の大学で主に教鞭を執っていたので、韓国の大学生たちの極めて丁重な態度に違和感を覚えたことがあります。

林　韓国社会は教育者とか知識人に対して一定の尊敬の念というのはすごく持っていますよね。金先生は点数のためもあるかもとおっしゃいましたが、それ以上に、純粋に大学教授に接することが嬉しいというリスペクトの気持ちがあると思います。

金　確かにそうかもしれませんね。神田外語大学で教えた時の出来事ですが、授業が終わった後、ある学生が近づいてきて「先生、今日の話、まったく知りませんでした。私って馬鹿ですよね」と話しかけてきたんですよ。「どこがわからなかった？」と問い返したらいろいろ話が弾み、その学生とは結構面白い対話ができました。こういう素直なやり取りが韓国の教授と学生の間で行われることは考えられないんです。

　韓国では、学生が先生に「理解できません」と言うのは、率直な自己表現と評価されるよりは、勉強不足を無責任に自認する行動と解釈されがちですからね。師匠に対して礼儀正しくない態度と見なされるんです。だから、韓国の大学生とのやり取りは、いたって丁寧というか、もっとオフィシャルな感覚です。難しい概念や単語をたくさん使って念入りに書かれたメールの質問をもらったりします。私は日本の学生たちの壁のなさというか、親しい距離感が好きだったんですけど。ひょっとしたら、それはコミュニケーション能力を重視する神田外語大学の雰囲気だったかもしれませんね。

林　友達同士の「ごめん」について面白いのは、日本でも、非常に大雑把な分け方ですが関東と関西は違うようなところもあるような気がします。私は学

友達同士にゴメンはない　77

生時代を関西で過ごしましたが、友達の下宿に行ったら、いきなり冷蔵庫を開けて「何も入ってないじゃん」とか平気で言っていました。東京の学生に聞いてみると、そういう感覚はないと言いますね。プライバシーに踏み込み過ぎだと。

金　日本好きの韓国人の中には、関東よりは関西の方に親近感を感じる人が多いんですよ。西日本の方が距離も近いですよね。釜山港で高速フェリーに乗れば、3時間半で福岡に着きますから。物理的にも文化的にも西日本の方が近いというのは確かかもしれないですね。

林　そのような話が出た時に笑い話として紹介する話があるんです。学生時代に、留学で関西に来ていた韓国人のお兄さんが「林くん、僕は大阪が嫌いなんだ」と言うんです。「どうしてですか」と聞いたら「韓国が嫌いだから」って。どこか大阪の雰囲気が韓国に通じるところがあるのかもしれません。そのお兄さんがジョークで言ったのか本気だったのか、いまだにわからないですけどね。

同調圧力は日本の方が強い?

──韓国も日本も、社会から若い人たちへの同調圧力が強くなっていると思いますが、いかがでしょうか (S)。

林　その場の雰囲気的なものに左右されるようなことはあるんでしょうが、それを同調圧力と取るか取らないか。そういう意味では、韓国は別にそんなことはないように思います。

金　そうですね。韓国では、場の雰囲気を壊さないように動きなさいという、暗黙的な圧力は日本ほどではないですよ。ただし、これはやっちゃ駄目、これはやらないとまずいというふうに、社会規範や基準を重んじる雰囲気があります。それが個人にかなりの重圧感を与える場合があります。例えば、良い大学に入らないと親の期待を裏切るとか、徹底的に自己管理しなければ会社員としての資格がないとか、大人になってもゲームにはまるのは望ましくないとか、とにか

78　第3章　ネットと韓国社会

く他人の基準を強く意識するんです。だから、韓国の「オタク」は日本よりはかなり大変。社会の平均的なやり方からちょっとでも離れていることをしようとすれば、大変な目に合う覚悟は必要です。

林 例えば日本製品の不買運動があった時に、ユニクロ好きという韓国の方も当然いるんですが、あそこまで不買運動が盛り上がってユニクロに入るのも売国行為だみたいな感じになると、「入りたいんだけど入れない」という人もいたと思います。でもそれは同調圧力ともちょっと違うんですよ。社会的雰囲気で、今やっちゃ駄目なんだというふうになるんです。「今ユニクロに入ったら世間に白い目で見られるかな」という感じで入らない。

——自分よりも世間のムードみたいなものが上に来るというイメージですか (S)**。**

林 同調圧力というのはもう少し狭いコミュニティの間で働くものではないでしょうか。例えば友達同士で良い雰囲気になって「みんなでどこどこに行こう」となったら、そんなに行きたくないんだけれども行くしかないみたいなイメージでしょうか。

金 韓国には、日本のように「空気を読め」という同調圧力は、まったくないわけではありませんが、上手に回避する道もありますし、みんなと違う意見をはっきり言ったってすごく問題にはなりません。

林 その場の空気を読めという同調圧力は、日本社会の方が強いかもしれませんね。

ネット世論の影響が大きい韓国社会

金 韓国のインターネットでは、日本よりオンライン・コミュニティが活性化していると思いますよ。年齢、関心事、職場、性別、地域など非常にさまざまなテーマのオンライン・コミュニティが存在し、実際に多くの人々がそれらに参加しています。2000年代の初め頃、韓国でインターネットが盛り上がり始めた頃に作られ、20年以上の歴史を持っている巨大オンライン・コミュニティも結構あります。その

ように歴史のあるオンライン・コミュニティは中高年の年代層が主軸なので、ネットがもはや若者たちの専有物ではないことを実感します。今やオンライン掲示板のみならず、ソーシャル・メディアやグループ・チャット、動画サイトなど、さまざまな形態の集いがあります。

一方、日本より「ネット世論」の存在感が大きいということも目立つ特徴です。ただ、多様なオンライン・コミュニティがあるだけに、ネット世論も非常に幅広い。例えば、日本に関する題材についても、ネット世論はいろいろ意見が分かれます。年配の人が集まる、リベラル志向のオンライン・コミュニティでは、「歴史問題に対して日本は謝れ！」というメッセージがはっきりと投稿されます。ところが、右派志向の若年層の参加するオンライン・コミュニティでは、日本に比較的に友好的な意見が寄せられます。「日本の植民地時代も悪いことばかりではなかったんじゃないか」という具合ですね。

右派の人たちが「嫌韓」の先鋒に立つ日本の傾向とは対照的に、韓国では右派志向であるほど日本との歴史問題に微温的です。ただ、私のように日本社会、文化に親しい人間から見れば、右派傾向のオンライン・コミュニティが日本寄りに立つのは、日本の歴史や文化について好感があるためというよりは、リベラル勢力への対抗という意味の方が大きい気がします。ある意味、日本のネトウヨの動きとも似ていて、感情的な盛り上がりが先に走り、詭弁を弄するというさまになるんでしょう。

——**日本と韓国にそういう共通性があるとしたら、それはネットという媒体の性質によるものですか** (S)。

金　そのような観点が徐々に説得力を得ています。実は、インターネットによる新しい情報環境ができ上がってから、日本と韓国だけではなくて、類似した傾向が世界中で見られるようになりつつあります。ネット空間で社会問題や政治をめぐって討論が活発になってくることは肯定的だと言えますが、その中で非合理的な反応や感情的な怒りが異常に増幅されることもあります。世界のあちこちで右派政権が立ち上がり排他主義的な動きが強まる傾向も、ネットの働きと結びつけて理解できます。インターネットではいつもいろんな情報が溢れています。

正しい情報があれば、誤った情報もあり、理性的な考察があれば、感情的な反応もある。こうした情報環境の中で目を引きやすいのは、盛り上がりやすい情報ですね。だから、誤った情報や極端な意見が流布されやすいということです。

──ネットの中で過激化しやすい排他主義というのは右翼・左翼の世界だけではなく、ジェンダー問題や他のいろいろな話題で、その傾向が見えますよね。根拠がなくても何でも発信できるし、しかもその検証が極めて困難というのも似ていると思います（K）。

林 韓国はネット投稿で実名制を導入しようとしましたよね。匿名だから盛り上がってしまうので、実名にすればその盛り上がりをある程度制御できるんじゃないかと。

金 韓国でネット実名制は2000年代初頭に導入されました。大手ポータル・サイトや販売サイトの場合は、ユーザーの住民登録番号を提出してもらうことが一般的です。ただ、海外のプラットフォームも当然使われていますので、避けて通る道は常にあります。

林 ネットの書き込みレベルであれば、匿名性は保てるんですか。

金 ハンドルネームまで実名にする掲示板は少ないと思います。でも、会員登録時にプラットフォームに提出した個人情報やIPアドレスなどで実際の書き手を特定するのは難しくないんですね。残念なことに、ネット実名制ではオンライン詐欺や誹謗中傷など悪質のコメントを減らせないということが衆目の一致する意見です。警察の取り締まりや事後調査は容易になったかもしれませんが、結局、検閲や監視に悪用される可能性ばかり増えたのではないかという批判があります。

林 ネット上の誹謗中傷によって、日本ではタレントが亡くなったりしましたが、韓国でもやっぱりYouTuberや女優が亡くなりましたね。

金 そうした不祥事が頻発することはとても残念です。しかし、自由な表現とクリエイティビティを促進するという意味で、インターネットの肯定的な側面もちゃんと評価したいんです。とりわけ、日韓交流という意味では前向きな可能性が大きくなったのではないでしょうか。インターネットでグローバルな情報環境ができたので、日韓の若い人たちが趣味や悩み、関心事などを共有する場が生まれました。そこから建設的なコミュニケーションが生まれる可能性も高くなったと信じます。

ネット世論の影響が大きい韓国社会　81

食のコラム②
目上の人と飲む時のマナー

――私が韓国語を習っている先生と飲んだ時に、彼女が顔を横に向けてグラスを口にしたんですね (S)。

金　ふふふ、丁寧な方ですね（含み笑）。

――面と向かって飲まないというのは、目上の人と飲む時の礼儀だとは聞いていたんですが、本当にそうするんだと感動したんです（笑）。ただ、歳こそこちらが倍以上ですが、こちらは生徒であちらは先生なので、先生の方が立場は上かなとも思ったんです。この場合は、年齢がものを言ったということですか (S)。

金　それはそうですよね。

林　いくら自分の方が立場的に上であっても、相手と年の差が開いているんだったら、それはもう面と向かって飲むというのは礼を失するという感覚ですよね。そういう感覚は、今もあまり変わらないんじゃないですか。

金　でも1杯目ぐらいだと思います（笑）。目上の人が「楽にしてね」と言ってくれることも多いですし。社長さんとの初めての飲み会だったら、それはあるかもしれませんが、今はそこまではしないと思います。

――飲酒文化の研究家である小野田美都江先生によれば「日本は人前で酔うことに寛容的な社会」だそうですが、韓国はいかがですか？ (S)

金　韓国もそうですよ。だから酔っ払った姿を見せ合ってもいいというのが友情の証の1つになっているんです。

林　それこそ「友人との距離感」のテーマで話をした時に（P74）、グデングデンに酔っ払った姿を見せることで距離が縮まるという話が出ましたね。例えば韓国の話ですが、学生と教員が飲んでいると、学生はすごくかしこまるんですよね。そこで教員側も頃合いを見計らって会計を済ませて席を立つと、途端にタバコを吸ったり、お酒を飲んで酔っ払ったり、一瞬にして無礼講の場に変わります（笑）。われわれ（教員）がいると自由に酔っ払うこともできないだろうから、後は自由にしなさいという教員側からの一種の「合図」ですよね。

第4章
人間関係のダイナミズム
競争社会・変革志向の韓国を生きる

写真13　ニュー国際ホテルから見た景福宮の景色、北岳山の手前に見えるのが旧大統領官邸の青瓦台（2018年2月、林史樹撮影）。

アメリカのマスコミ研究者であるウィルバー・シュラムは、マスメディアの持つ役割を「見張りの機能」「討論の機能」「教師の機能」の 3 つに分類しています。報道が世論をもたらし、社会の価値観を作り上げていくというプロセスを、植民地支配や独自軍事政権の過去を持つ韓国市民はどのように捉えているのでしょうか？
そして、猛烈な勢いで発展してきた韓国経済において、若者や勤労世代の抱える不安と上昇意識にも着目し、新自由主義の功罪を読み解きます。

韓国のマスメディアの使命感

林 大学で「韓国文化概論」という講義をしたんですが、韓国の聯合ニュースが選んだ2023年の10大ニュースは、1位が「深まる与野党の対立」、2位が「最大野党代表の『司法リスク』」。その下を見ていっても、政治絡みのトピックがすごく多いんです。一方、日本の若者に聞くと、たぶん1つ入ってくるのが38年ぶりの阪神優勝ですね。それから大谷翔平選手の移籍など、スポーツや芸能のネタが多いわけです。それが決して悪いわけではないですが、韓国では10大ニュースに限らず、日常的なトピックとして政治問題、社会問題を新聞が取り上げていきます。関心の向かせ方に違う部分があるのかなと。それは兵役があって、国家というものを考えないといけないから、そういうふうになるのかもしれませんが。

金 私はメディアの研究者なので、日韓のマスメディアのスタンスの違いが気になります。韓国のマスメディアは自分たちも政治のプレイヤーという感覚を持って動きますよ。それには肯定的な側面もあります。公共的な役割をしっかり遂行するという責任感を持っているとも言えますからね。しかし、ネガティブな働きになる場合もあります。政治意識が高すぎるあまり、十分にファクトチェックされていない情報や偏屈な意見を発信し、市民を混乱させ、批判を受けることもあります。

　日本のテレビ番組では司会者が「皆さんが楽しくなるように」とか、「視聴者の皆さまに笑っていただけるように」という言葉をよく言いますね。日本に来て間もない時は、その言葉に違和感がありました。人々を楽しくするのがテレビの主な役割でもないのに、と思ったんです。韓国のテレビ局なら、言論としての役割をもっと強調するでしょう。

林 確かに韓国のテレビは何を伝えるかといった報道の意識が強いのに対し、日本のテレビは視聴者を喜ばせる、楽しませるといった娯楽の意識が強いように思われます。そのためか、日本のテレビはニュース番組が少ない気がします。

昼時のバラエティがかったニュース番組は別として、いわゆる報道系の番組のことですが、家族がよくテレビを見るような時間帯には特に少ない。司会も報道素人の芸能人が務めたりもします。自然とバラエティやドラマに関心が集まらざるをえません。

金　それと、韓国では政権とマスメディアの関係に対しての不信感も強いです。政権を擁護するのに熱心な媒体もあり、反対ばかりに力を入れる媒体もあり、というふうな感じです。

――日本では一応マスメディアは不偏不党・中立だということになっていて、政党支持などは明確にしません。アメリカの場合は違いますよね。韓国はどうでしょうか (S)**。**

金　韓国のマスメディアも一応中立性を掲げてはいます。ただ、政党支持を明言することはないものの、保守かリベラルかという政治的立場は報道のスタンスではっきり出していますね。中立性という概念自体が理想的なのだという意見もあります。したがって韓国では、マスメディアの中立性よりは、公共性に関する議論が活発です。韓国の代表的なテレビ局であるKBSやMBC*はオーナーがいない公営テレビ局です。それでも政権との距離感をめぐっていろいろ論争が起こりますけど。

――日本だと新聞社が系列としてテレビ局を持ったという経緯があるんです (S)**。**

金　韓国にも民営チャンネルはあります。けれども、KBS、MBCなど、歴史が長く影響力のあるチャンネルは公営というふうに法律で定められています。経営陣の人事が与党と野党それぞれの推薦で決まるんですね。一応、表向きとしては中立性を保つための構造が担保されているわけです。しかし、軍事政権の時など、政治的な中立性の原則が著しく壊れる場合もありました。また、マスメディアが率先して民主化運動を擁護した時もあったし、実際にある報道がきっかけになって市民運動が盛り上がったこともありました。だから、マスメディアと

---

* KBSはKorean Broadcasting Systemの略で日本のNHKと同じ位相をもつ地上波テレビ局。一方、MBCは、Munhwa Broadcasting Corporationの略で、KBSと並ぶ韓国の代表的な地上波テレビ局。両方ともに公営テレビ局である。

政治の話はいつもホットなテーマですね。総選挙や大統領選挙時は、特定の新聞やニュース番組の報道の偏向性をめぐって大論争が起こることがしばしばあります。アメリカのように支持する候補を宣言するようなことまではないですけれど。

——韓国のドキュメンタリー映画「共犯者たち」（2017年）は、MBCに介入する政権側とそれに迎合する経営陣に抗議する現場のディレクターや記者が大量に解雇されるという姿が描かれていましたね。映画を監督したチェ・スンホ自身が解雇されたディレクターだったんです。それで驚いたのは、そのチェ・スンホさんがその後、MBCに復帰して社長になった。このニュースを知った時は日本でなぜこれがないんだと歯噛みしましたが、これも大統領が反対陣営に変わったことが大きな理由のようですね (S)。

金　あいにくその映画は観ませんでしたが、とにかく、政権側とマスメディアの距離が近いと言えます。韓国のマスメディアは言論者としての使命感が強く、ジャーナリスト個人もこの国の世論に影響を与えているというプライドが強い。もちろん必ず良い方向にいくとは限りませんが。それが良い働きをする場合もありますが、悪い方向に動く場合もあります。

——日本でも読売新聞の社長になった故・渡邉恒雄さんなんかは、自分は言論を張るんだという気持ちが強かったと思いますけどね (S)。

金　でも今は韓国でも記者に対する評価はとても低いんですよ。

——きちんと政治報道していないということですか (S)。

金　きちんと政治報道をしていないというよりは、政権によって報道の視点がコロコロ変わるということで信頼性が問われる状況です。同じ政策なのにどの政権で推進されたのかによって賛成したり反対したり。それでは見ている側もがっかりしますよ。KBSやMBCのような公営チャンネルは比較的良い方ですが、民営のチャンネルや新聞社はもっとひどいんです。

　例えば、韓国の民営チャンネルや新聞社の中には、大手株主が建設業をやっている場合が少なくないんです。そのメディアらからは建設会社に不都合な報道は一切出ないわけです。韓国では不動産景気のせいで政権が変わるという話をよく聞きますが、建設会社が自社所有の媒体を通して政府や世論に影響を

与えているのではないかという疑いがあります。だから、建設業者や不動産業者に不都合な政策を進めた大統領は、市民の好感度が高くても、マスメディアの厳しい批判を受けたり。

林 日本の場合、記者という立場は、いかに伝えるかというところにプロ意識を持っているように思います。そこをストイックに追求していくようなところがありそうです。言論者という職能集団とは考えてない。

金 何が事実か、何が正しいかということについて、誰もはっきりと断言できない時代ですよね。だから、自分に対する強い信念がネガティブな方に作用してしまうという傾向も否めないでしょう。

激しい競争社会が生んだ「沙悟浄（サオジョン）」と「五六島（オリュット）」

――韓国の受験環境の厳しさは日本でもよく知られています (S)。

金 韓国は日本とは比べものにならないぐらいに学歴社会だと思います。近年は、大学の順位より医学部に入学させることに夢中の親が多いようです。子どもを医学部に入れるために、小学校の時から受験専門の進学塾に通わせるとか、凄まじい話をよく聞きます。日本にも金持ちや芸能人が子どもをインターナショナルスクールに通わせるという話がありますが、韓国の場合は、経済的に余裕がなくても子どもの教育費だけは惜しまないという親が多いんです。

林 ソウル大学に入っても仮面浪人して医学部に入りなおすという例が結構あると、朝鮮日報で報道されたりしています。

金 なぜそんなに医学部の進学を望むのかと、若い親に聞いたことがあります。すると、人工知能（AI）など技術による変化が激しいから不安と言う親がほとんどです。文系では今後の社会変化に追いつけないかもしれないということです。だから理系を希望すると。さらに、理系の中でも医学ならば、人の健康に関する技術なので、無くなることはないだろうと。どんな変化でも医学ならやり続け

88　第4章　人間関係のダイナミズム

られるんじゃないかということでした。

──すごく現実的で安定志向ですね (S)。

金 安定志向でもあるけど、その根底に技術進歩に対する不安があるということが特徴的だと思います。

林 格差問題の影響が大きいように思うんですよね。より有利な位置につけておかなければならないという。

── 10大財閥に入れないと人にあらず、みたいな感じと聞いていますが (S)。

金 基本的に大企業への就職を希望する傾向はあります。しかし、大企業に入社したって、やっぱり不安定です。韓国では40歳になったらもう退職の圧が強くなります。

林 「沙悟浄」という言葉がありますよね。沙悟浄は西遊記の登場人物ですが、同じ発音で「四五定」とも書けて、45歳になったら定年だという意味で用いられます。そして、もうひとつ「五六島」という言葉もありますよね。五六島は釜山にある島ですが。

──「釜山港へ帰れ」の歌詞に出てきますね (S)。

林 そうそう、韓国語の歌詞をご存じなんですね。その五六島というのも、文字をちょっと変えれば「五六盗」、つまり56歳まで働いているのは「給料の盗み」、給料泥棒だという意味で使われます。一時期は流行していたんですが、今はあまり言わなくなりましたけどね。他にも南北の休戦ラインを意味する「三八線」（38度線）は、出世コースに乗るか乗らないかを分けるラインが38歳で決まるという意味で用いられたりもしました。ただ、今は韓国の雇用形態も少し長くなった気もするんです。昔は早期退職が割と奨励されていて、私の悪友も40代ぐらいの時にすでに「老後はどうしよう」とか言っていたので驚きました。どうなんでしょうか、定年も少し長くなったような気がするんですが。

金 今や「沙悟浄」「五六島」という言葉自体はあまり聞きません。確か、その言葉がはやり出したのは、2000年代初頭くらいで、その時は早期退職という現象自体が新しかった。だからこそ、そうした言葉が生まれたのだと思うんです。ところが、今は早期退職が当たり前のオプションになった時代。そういう意味

激しい競争社会が生んだ「沙悟浄」と「五六島」 89

では、韓国の今を表すキーワードとしてはちょっと古いんですよ。

——**日本だと、企業が首を切る場合でも、子会社とか関連会社での再就職先を用意する場合が多いんですよね。そういう社会的なシステムはないんですか** (S)**。**

金 それを社会的システムと言えるかどうか。ある程度は専門性を活かせるかもしれませんが、しょせん自分の居場所がなくなるのは一緒かもしれません。韓国にも同じようなことはあると聞きますが、だから大丈夫と安心する会社員は少ないでしょう。

林 韓国はあまりそのようなまどろっこしい手続きをしないと思うんですよね。日本のように窓際族とか出向という手段はとらなくて、もういきなりクビで、切られる方も、不服でバケツを蹴っ飛ばすくらいはするかもしれませんが、そのようなものだと受け入れているんじゃないかと思います。

——**あるいは日本で多いのは、定年後は正社員としては辞めさせるけれども、契約社員として再雇用して、同じ仕事を続けながら給料を減らす形も多いと思うんですが** (S)**。**

金 その制度もありますよ。2000年代初頭に「賃金ピーク制」と名付けて、給料を減らしながら定年後の雇用を保障する制度が導入されました。日本の「シニア社員制度」とそっくりで、そもそも日本で生まれた制度と言われます。韓国ではその制度に抵抗があり、経営側の責任を社員側に負担させるのではないかという批判が提起されました。サラリーマンたちが感じる老後への不安も大きくなった時期で「沙悟浄」や「五六島」という言葉もちょうどその頃に生まれました。

——**日本的な（かつての日本的なと言いましょうか）生涯雇用という概念はそんなに強くないということですね** (S)**。**

金 それはもうIMF事態*で無くなりましたね。それ以前は、日本式経営を積極的に導入する韓国企業が多かったのですが、厳しい金融危機をきっかけに

---

* 韓国では「IMF事態」あるいは「IMF危機」と呼ぶ1990年代末の金融危機。1997年のアジア通貨危機の波及により韓国の資本市場で深刻な海外通貨不足が起こり、その結果、大手銀行や大企業が倒産するなど厳しい事態に陥った。外国資本が韓国から引き上げる負のサイクルが起こる中、外貨不足による国家倒産を免れるため、韓国政府はIMFに救済金融を申請した。その後、IMFからの厳しいリストラ要求に応える形で、韓国経済の体質が大きく変わる。

アメリカ式経営に変わってきました。

——「日本式雇用」と言った場合、総合職というのでしょうか、社員にいろんな分野を経験させて育てていく。だから若い頃は給料が安くて、少しずつ上がっていく。一方に「ジョブ型雇用」、エンジニアならエンジニアとして雇って、それなりの給料を払うけど、仕事内容が変わらないので、金額は上がらないというシステムもあると思うんですが、韓国の場合はどうなんでしょうか (S)。

金　韓国でも80年代までには、いわば「日本式」で経営する企業が多かったんです。日本の企業に学んで「終身雇用制」や「家族経営システム」を導入していました。ところが、金融危機の後は、その方式ではやり切れなくなったんです。IMF事態は韓国経済の産業構造を大きく変えました。製造業からITやサービス産業に中心軸が移動しました。もはや、長年働いてようやく専門性を積める時代ではないという認識が強まりました。生涯雇用は効率的ではないという考え方が広がり、解雇が容易な年俸制を導入する企業が増えました。

IMF事態は実に衝撃的な出来事でした。ちょうどその頃、新聞記者として働いていました。私が働いていた新聞社は、日本の毎日新聞に似たポジションで、大企業ではないけど、全国的に影響力のある新聞社でした。そういう企業にも、IMF事態の影響は厳しかった。広告収入が減少するなんかは贅沢な悩みなんですよ。とりあえず、輸入に頼るすべての価格が一晩で何倍にもなり、事務室の電灯もつけられなかったり、冬なのに暖房がつけられなかったり、想像したこともない、大変な経験をしたんです。

IMF事態を経て韓国の会社員の立ち位置は著しく弱まりました。アメリカのように企業がいつでも自由に解雇できるわけではないです。しかし、経営が厳しい時に従業員の数を減らすという選択肢を選ぶケースが増えたのは事実。雇用の不安定性がかなり増大したんです。大企業のサムスンに入ったって会社員はいつも不安感に苦しむ立場なんですよ。

こうやってみると、親が子どもを医学部に入れたがる気持ちもわからなくはないんです。お医者さんになれば、比較的に安定した暮らしができると思うんでしょう。医者は、大手病院に就職もできるし、1人で開業することも可能。しかもま

激しい競争社会が生んだ「沙悟浄」と「五六島」　91

だ医者不足と言われるからこれからも需要はあるんじゃないかと。子どもが激しい競争社会の中で生き残るための技術を身に付けてほしいということなのだと思うんです。

──ただ、韓国でも本当に優秀な人たちは起業すると聞いたんですが、どうなんでしょうか (S)**。**

金 優秀な人が起業すると断言はできませんが、創業や起業という選択肢に前向きな雰囲気があるのは確かですね。インターネット・スタートアップやITベンチャーのサクセス・ストーリーが絶えず語られていますので、新しい挑戦に踏み込みたがる若い人は比較的に多いと思います。そういう意味では、韓国より日本の方が安定志向なのでしょう。

林 早期退職がかなり奨励されたこととも無関係ではないと思います。50歳くらいまで窮屈な思いをして会社にしがみつくくらいなら、早期退職で少し退職金を多めにもらって、その資金で起業する方が有利じゃないかと。それに韓国の場合、家族経営も多いので、その場合は、社長はおろか幹部になるのも大変かもしれない。それより自分で起業すれば、社長になれるということで、起業に目が向く側面があるように思われます。

　金先生も結構転職をされているし、先ほど話題にした私の悪友なんかも、4社目なんですよね。ヘッドハンティング、ヘッドハンティングで移動していく。そういうキャリアアップをしていくのは、アメリカ式なのかもしれませんが、終身雇用にはこだわっていませんよね。もう1つ、韓国は割と家族経営が幅を利かせていたりするんですよね。サムスンにしろ何にしろ、一家族がずっと牛耳るようなところがある。だから、出世というのはある一定のところで上限がある。創業者一族の顔色を見ないといけない場面も出てくる。そうなった時には、別にそこの企業に忠誠を尽くすこともないし、企業側もそこまで会社を背負わせる感覚はありません。だからより良い条件があったとしたらそっちに動く。

──45歳から50歳なんていうのは働き盛り、企業としても大事な人材でしょう。他の企業だって引っ張っても欲しい人材じゃないですか (S)**。**

林 もちろん企業側も残ってほしい人材には出世をさせます。しかし、自分はま

だ貢献できると思っても、企業側から残ってほしい人材として見られていないなら、早めに見切りをつけてベンチャーに走りますよね。これ以上ここにいても、トップにはなれないし、大した出世も見込めない。そこで自分がまだ動けるうちに独立する。初期投資があまりかからない飲食関係が人気ですが、供給過剰で失敗する例も少なくありません。

――せっかく培った経験や技術と関係ない職に就くことは、社会的には損失のような気がしますが (S)。

金　お言葉に深く共感します。今の世の中では40、50代なんて若いですし、真の意味での専門性が身に付いて、仕事にちゃんと「味」が出る時期だと思うんです。日本では40、50代こそ、働き盛りというイメージもありますよね。ところが、韓国では、50代のサラリーマンは現場から一歩下がって偉そうなことばかり言う、面倒くさい管理職というイメージですよ。韓国の企業文化では、バリバリ仕事をしてもらうのは30代とか、せいぜい40代まで。肩書きで言えば、代理、課長、部長のレベルまでですね。その上に行くためにはジャンプが必要なんです。現場で非常に優れた実力を見せるという正攻法もありますが、組織の政治に関わったり、コネを使ったりしないといけません。それでジャンプできたら良いかといえば、必ずしもそうでもない。韓国では、常務や専務以上の幹部レベルになれば、いつでも解消ができるように雇用契約を切り替えることが普通です。給料は倍増するが、いつ雇用解消になるかもしれない不安定な状態に置かれるんです。

林　まさに先ほどの「三八線」で、38歳くらいになったら線引きが始まる。金先生がおっしゃったジャンプできるかできないか。このことが韓国社会のダイナミズムにつながっており、だから外から韓国社会を見ると、常に動きがあって、活き活きとして見えます。ただ一方で、ずっと動き続けないといけない大変さや辛さもあるような気がしています。ここに息苦しさを感じてしまった人は、心機一転で海外移住を目指すことになるのかもしれません。

激しい競争社会が生んだ「沙悟浄」と「五六島」　93

落ちては這い上がる韓国社会のダイナミズム

──働く人のセカンドキャリアは保証されているんですか (K)。

林　いいえ、自営業になったりしますね。象徴的なのがフライドチキン屋さんですよ。韓国でフライドチキンは人気があるし、それほど初期投資がかからず＊、またそれほど特別な技術も要らないので手軽に始められるからと、早期退職した人たちが飛びつきました。ところが先ほども言ったように、たちまち供給過剰になったので失敗する人も多く出たのですが、その中で再起していく例もあります。

　よく学生に話をするのは、韓国社会は強い上昇志向がずっとある。もちろん日本でも上昇志向はあるんですけど、日本の場合はうどん屋にはうどん屋の頂点がありますし、焼き鳥屋には焼き鳥屋、寿司屋には寿司屋の頂点があります。だけど韓国は、1つの頂点、それがCEOなのか政治家なのか……大学教授も割と上の方ですが、それに向かって上昇していくんです。もちろん、全員が成功するわけじゃないので、失敗してそのヒエラルキーから転げ落ちた時は、零細商業とか露天商とか、そういうようなところから再出発して、また這い上がるということがあります。落ちては這い上がり、また落ちて這い上がるという、それが社会に1つのダイナミズムを生み出していると私は見ています。だからある意味で不安定ではあるのかもしれないけれども、活気はあるんです。

金　まったく共感します。良く言えば活気ですが、不安定性が高いという意味ですね。「モビリティ」と言うと、今や交通機関とか携帯電話などを思い出す場合も多いでしょうが、実は、社会的地位が上下に移動できるかどうかに関する「社会的移動性」（ソーシャル・モビリティ）という概念も大事です。現代社会の重要な特徴の1つは、過去のように身分や階級が固定されていることではなく、個人の能力と努力によって社会的地位や階層が上がったり下がったりするとい

＊『毎日経済新聞』（2021年4月15日付）によれば、フライドチキン屋の開店費用は約5700万ウォン（600万円）で、約1億2000万ウォンかかるコーヒーショップに比べると、半分ほどの資金で開店できる。

うことです。こうした移動可能性が見込める社会では、頑張れば上の階層へ這い上がれるので、常に希望を捨てずにいられる。活気もあり絶望もあり、いろいろ変化が起こりやすい。日本はそこがちょっと足らない気がしますね。

林　安定志向と言うかね。

金　逆説的に聞こえるかもしれませんが、安定志向の落ち着いた雰囲気こそ、韓国の若者たちが日本文化に憧れる側面だったりしますよ。ギラギラしていない。小さいことを大事にしていて、そこで頑張っていれば、それは価値があるものとされる。疲れ切っている韓国の若者たちにとっては、そこが救いなんでしょうね。

林　韓国では、これ以上頑張りたくない、自分を受け入れてもらえないと思い込む若者が多い。親にも周囲にも、常に上昇することが期待され、ファイティングポーズを取り続けることが求められますからね。

金　とても切ない韓国の現実なのだと思います。

──社会保障の制度、例えば生活保護の制度はどうですか（K）。

金　制度はありますよ。*しかし、だからといって自分の将来に安心感を抱くことはないでしょう。ソウル大学の教授が書いた『つらいから青春だ』という本がミリオンセラーになったことがあります**。若い時は苦労をしたり大変な目にあったりするのは当然な時期。だから青年たちよ、頑張ろうという内容なんですが、それはあくまでも上の世代の観点ですね。今の若者には納得しがたいでしょう。上の世代が苦労したのは事実。ただし、彼らは頑張ったら安定した生活基盤を手に入れられた。しかし、今の若者たちは苦労しても頑張っても、安定した生活はできない。貧しく生まれた人は一生貧困から抜け出せないのではないかというのです。私は若者たちのそうした反論に共感します。だって今や会社で一生懸命に働いても雇用は不安定ですし、頑張ったって以前みたいにマンションが買えるわけではない。

---

* 韓国の社会保障制度は、本格的なものは1960年代に始まったが、いくつかの不備が指摘されていた。1997年のIMF経済危機により生活困窮者が増加したことから、2000年には国民基礎生活保障制度が施行。2015年7月には、扶養義務者基準の緩和により受給者を拡大するなどさまざまな改革がされてきた。
**『つらいから青春だ』（キム・ナンド著、吉原育子訳、ディスカヴァー・トゥエンティワン、2012年）。

——それは程度の差こそあれ、日本とまったく同じですね。若い層は格差に悩み、高齢者は年金をきちんともらえるのに、自分たちの時代はもう無くなっているかもしれない、そういう不安・不満がありますよね (S)。

林 社会福祉のことは専門外で詳しくないんですが、韓国の場合は、90年代ぐらいに急激に社会福祉制度を整備していったと思います。私が日本で学部生だった頃、韓国人の留学生が取る専門課程で、経済学の他に意外に多かったのが社会福祉でした。その時は「日本に社会福祉を学びに来ても得るものはないのでは」と疑問だったんですが、留学生のお兄さんたちに言わせると「日本の方がまだ少し先を行っているし、韓国社会に応用しやすい」と言うんです。1988年の国民年金法の施行で導入された年金制度も、90年代に整えられていきました。それまで韓国社会では、親が歳を取ったら子どもが面倒を見るというのが当然という風潮だったんです。ところが、その社会的風潮が希薄になってくるのが90年代で、そうなってきたら、高齢者世代・世帯に対して、社会的な保障を考えていかないといけなくなる。そこで年金制度が確立されてきた。そのように見ています。

金 軍事政権時に目玉政策として社会福祉制度を拡充したと言われています。例えば、健康保険は朴正煕大統領の軍事政権の時から段階的に導入され始め、国民年金は全斗煥大統領の時代に本格的に検討されました。

——今の金先生のお話のように、誰々大統領の時には何ができ、誰々の時はこれができたという話は、日本ではそういう会話があまり成り立たないですね (S)。

金 確かに。日本では総理がコロコロ変わっちゃうからじゃないですか。小泉さんの「聖域なき行政改革」とか、安倍さんの「アベノミクス」とかは知られていますけど。とりあえず、日本では政権交代があまり起こらないですから、何政権という言い方も意味がないでしょう。政治的にも日本は「モビリティ」が低いですよね。もはや自民党は、政党ではなく、政治プラットフォームのように見えますから。

林 そうですね。それと、トップに与えられた権限の問題にもよる気がします。日本でも、知事は直接に選ばれて権限が強いので、例えば東京都で言えば、石原都知事の時、小池都知事の時などと言ったりもしますから。

本音と建前は日韓共通の文化

金 「建前・本音」というテーマでいうと、林先生は、ご自身は建前として言ったつもりなのに韓国人は勘違いしたとか、逆に韓国人の言葉を先生が勘違いしたというような経験はありますか。

林 建前と本音は韓国社会にもあるので、具体的には思い浮かばないのですが、目立つのは日本社会の方だとは思います。韓国人の間でも「日本は建前と本音が違う」という言い方はされています。でも、実はアメリカ人の著作＊に、韓国人は本音と建前を使い分けると書かれています。日本と韓国でどちらが本音と建前をよく使い分けるかなんていう議論は、もっと広い視点で見れば「目くそ鼻くそを笑う」レベルの話なんですよ。

金 まったく共感します。韓国でも「日本人は本当のことをあまり言わない」ということを口にする人がいますが、それはずばり偏見なのだと思うんですよ。林先生もおっしゃるように、「本音・建前」に似たような話法は韓国にもありますし、もしかしたらアジア文化圏に共通するかもしれません。

　例えば、韓国では人に会った時に「ご飯食べた？」とよく聞くんです。本当にご飯を食べたのかどうかということが知りたいわけではなく、「ハロー」みたいに気軽い挨拶のような表現です。また、会話の末尾に「今度一緒にご飯食べよう」とよく言います。本当に食事に誘っているわけではなく、相手に対して親近感を表現する別れの慣用句にすぎない。本音と建前というのは「本当のことを言う・嘘をつく」という問題ではないですね。

林 文化人類学の川田順造先生は「文化の三角測量」ということをおっしゃっているんです。何かを比較する時、2点だけで見るのではなくて、もう1点を加えて、複眼的に比較しようということです。

＊『韓国で儲ける！』（ケヴィン・キーティング著、鶴岡雄二訳、新潮OH!文庫、2000年）。

金　それは素晴らしい発想ですよね。日本と韓国の2択比較では違いに見えるところも、西洋人の観点で照らしてみると、日韓間似通っている側面が浮き彫りになるということですね。日本文化と韓国文化を比較するととても面白いんです。違うだろうと思った点が実は同じだったり、当然同じだろうと思った点が違っていたりする。

——金先生の『同じ日本、違う日本』の中に書いてあった「ばれなきゃいけない建前」という指摘は面白かったです。日本人が建前を言った場合には、その裏にある本音は「ばれてほしい本音」だという (S)。

金　それは日本の会社で働いていた時の経験に基づいての考察だったのです。日本人の同僚を飲みに誘ったら「今忙しいから先に行ってください。後で行けるかもしれない」と言われたんです。その時は、彼の言い回しに「行きたくない」という本音が隠れていることに気付かず、「じゃあ、合流するまで待ってるよ」なんて言っちゃって (笑)。そしたら彼から「いや、行けないかもしれないよ」ともう一度言われ、「あ、お断りの表現だったか」と気付きました。きっと彼も私の反応に困惑したでしょう。文化の暗黙的なルールを共有する相手でなければ、通じない技だったんですよね。

林　「京のぶぶ漬け」ですね。ぶぶ漬けとはお茶漬けのことですが、他所のうちにお邪魔していて「お茶漬けどうですか」と言われたら、それは「もう帰ってください」というサインで、ニュアンスだけは柔らかく「お茶漬けをどうぞ」みたいな感じで言ってくるけれども、京都人がみんなわかっている「ばれてほしい本音」ですよね。

　もう少し言うと、そういう京都文化に対して、大阪ではまどろっこしいと嫌うみたいなところもある。逆に京都人は直線的な表現を好む大阪人を品がないと思っている節がある。極端に言えばですけどね (笑)。大阪人だって本音と建前は使い分けますから。

割勘が普及してきたわけ

金　韓国では目上の人がご飯をおごることが普通というふうに知られていますが、最近は韓国でも割勘が広がっていますよ。特に会社の同僚同士なんかでは、日本のようにきっちり割勘をすることが増えています。会社の上司や組織のお偉いさんがお勘定を全部持つというのはまだありますけど、最近はタブレットでそれぞれ注文し、各自で払うケースも増えていますし、やはり若い人の間には割勘の方が合理的という考え方が一般的のようです。

林　いつ頃から割勘が増えてきたんでしょうねえ。

金　ピンポイントでいつからとは言いにくいんですが、少なくとも私が新聞記者をしていた1990年代後半にもう始まっていて、「最近の若者たちはダッチペイを好む」という記事を書いたことを覚えています。ダッチペイというのは、オランダ式の支払いという意味で、割勘のことです。当時のデスクはこの記事を読んで、「最近の若者は変わったなー」という顔でOKを出してくれました。すなわち、当時ダッチペイは、若者の新しい風習として認識されていたんです。

林　90年代で私が記憶しているのは、学生は割勘をするということでした。と言っても日本のように10円や1円単位まで計算はしないで、私は2万ウォンだしておくね、じゃあ私は3万ウォン、みたいな緩やかな割勘でしたが。社会人になるとやはり誰か1人がまとめて払うというのが一般的だったように記憶しています。

——何かきっかけがあったんでしょうか (S)。

金　IMF事態以降、韓国社会全般に経済的な合理性を重視する考え方が強まったということは言いましたね。割り勘もその流れで広がったんでしょう。さらに、いわゆる「金英蘭法」*という法律ができたことも無視できないでしょう。賄賂

---

* 2015年に制定された不正請託及び金品等の収受禁止に関する法律。2012年当時の国民権益委員会委員長だった金英蘭が提案したことで「金英蘭法」とも呼ばれる。公職者、公務員、教職員、マスコミ関係者及びその配偶者などに対し、1回あたり3万ウォン（約3000円）を超える接待、5万ウォンを超える贈答品の受け取りを禁止した。経済環境の変化に伴い、2024年には接待の食事費の上限は5万ウォン（約5000円）に引き上げられた。

や公職腐敗を防止するため、高い贈り物や一定金額以上の接待を禁止する法律です。つまり、食事会や会食などでも1人が全部持つと、接待扱いで後々に問題が発生するかもしれません。割り勘にした方が煩わしいことが起こらないという認識が生まれました。

——**割勘の登場は上の世代にとっては、カルチャーショックと受け止められる事柄でしょうか** (S)。

金　カルチャーショックまでではないと思います。上の世代にとっても、歳をとるほど、経済的な負担が増えることは喜ばしくなかったでしょう（笑）。とは言うけど、今も韓国では上司や先輩、目上の人がおごる傾向は残っていますよ。割り勘にした場合も、先輩は「おごるべきだけど、すまないな」と一言残し、後輩は「もうそんなことはないですよ」と答えたりします。同等な立場の仲間や友達間でも、誰か1人がおごる習慣はまだあります。例えば、友達同士で会った時に「今回は私が払うよ」「じゃ、次は私だね」のようなやり取りが普通なんじゃないかな。だって友達同士で割り勘なんて寂しいから！（笑）

韓国はなぜIT強国になったのか

——**前に挙げた林先生の本で、韓国では年配の方でもITを使いこなしていると書いてありますが、なぜでしょうか** (S)。

林　私は毎年、「韓国文化概論」という科目の履修学生たちに「韓国・朝鮮のイメージ」というアンケートを書かせているんですが*、それを見ても、始めたばかりの2003年や2004年には、韓国はIT先進国だという書き込みが多く見られました。最近はもっぱらK-POP一色ですが（笑）。

　最近でこそ、K-POPイメージに押されて一時期のIT先進国イメージは薄まっ

---

* 2003年から2024年まで、韓国文化概論という科目の履修生に対して「韓国・朝鮮のイメージ」を書かせたもの。https://hayaf.jimdofree.com/仕事のトビラ/韓国朝鮮のイメージ/で閲覧できる。

ていますが、今でも日本よりもずっとITインフラは進んでいますし、当時もITがはるかに進んでいたのは事実です。老人ホームなんかでも、ITをうまく活用するお年寄りは、当時からいたように思います。

金　2000年代初頭には韓国のインターネット企業で働き、同年代半ばに日本のインターネット・スタートアップに転職しました。両国のIT事情には詳しいと自負しています。日本では2001年に「ヤフーBB」と呼ばれる、比較的に低廉なインターネット接続サービスが開始されます。その時まで日本では、ブロードバンド・インターネット利用料金が結構高くて、家庭からインターネットに接続する人は非常に少なかったんです。無線インターネットに接続できるガラケーは普及していましたが、パソコンを使いインターネットに接続できる人口は、韓国よりははるかに少なかったです。

　一方、韓国では1990年代後半からパソコン普及率もインターネット利用率も急に上がっていました。インターネット接続サービスが早くスタートしたことも影響を与えましたが、そのサービス利用者が急増したことは、韓国の教育熱と関係があります。韓国の親は、子どもにパソコンとインターネットを使わせることが教育的に必要だと思ったんです。より正確には、パソコンを上手に使えないと時代に取り残されてしまうと心配したんでしょう。だから、子どもが小学校に入ったらパソコンを買ってあげて、インターネットもつなげてあげる。実際は、親の期待とはほど遠く、ゲームばっかりやる子が多かったらしいんですが（笑）。

──PCの話で納得したのは、囲碁の世界なんですが、かつては日本が1番強かったのが韓国に抜かれたんですね。その抜かれた理由として挙げられたのが、子どもの頃から囲碁をやると頭が良くなるという噂がぱっと広まって、親が子どもたちを囲碁教室に通わせた結果、世界一になったというものなんです (S)。

林　確かに90年代に韓国に行った時は、街のあちこちで囲碁教室の看板を見かけました。ただ一方で、囲碁はお年寄りのボケ防止にも良いと考えられていますし、それこそ近年、大韓囲碁協会と大韓老人会が痴呆症予防のために業務協約を交わしたというニュースがありましたが、老人向けのコンピュータ教育施設も早くか

韓国はなぜIT強国になったのか　101

ら設置されていたかと思います*。インターネットだと環境さえ整えば、外出する必要がなく、世間の風潮からもコンピュータが急速に拡がったと言えるでしょう。

金 韓国では、お年寄りの方もインターネットを盛んに使っています。例えば、政治的な意見が異なるため、親子間で喧嘩になるという話をよく聞きます。ところが、その親子喧嘩の舞台はどこかというと、カカオトーク**というチャット・プラットフォームなんですね。70代のお父さんが政治ニュースのリンク先を、30、40代の息子さんや娘さんにポンと送信する。支持する政党が異なる息子さんや娘さんには、迷惑な情報なわけです。だから、そういう情報は送らないでほしいと文句を返信する。こういうやり取りで言い合いが喧嘩にエスカレートしていくわけです。

お年寄りがIT技術を上手に活用している、もう1つ面白い事例が、年配に人気な演歌 (トロット) 歌手のファンダムです。お年寄りの女性たちが、オンライン・コミュニティに参加したり、ソーシャル・メディアで情報発信したり、ネット上で積極的にファン活動を繰り広げるのです。彼女らは、BTSやSEVENTEENなどのファンである孫たちからノウハウをしっかり教えてもらっています。年配世代はお財布事情も比較的良いので、ファンダムのパワーがすごいんです。

林 抽象的になって申し訳ないですけども、何か新しいことに飛びつく、取り入れるというのは、韓国社会の方が数段進んでいますよね。私の80代の母を見ていても、電子機器なんかは「面倒だ」とか、「今はこれで別に不自由がないんだから」と、新しいものに飛びつかない。韓国社会は変革という点では早いような気がしますね。新しいツールが出たりすると、年齢に関係なく慣れ親しんでいく。

金 韓国は日本より人口も少なく、土地も狭い、比較的小さい国なんです。だから変化に追いつけないと駄目になるかもしれないという不安感が常にあります。変化に対する切実な強迫観念があるというか。

15年以上日本で住んでから韓国に戻りました。IT技術はよくわかる方だと自

---

* 『毎日経済新聞』（2000年6月30日）によれば、情報通信部（当時）が民間と合わせて全国に老人向けのコンピュータ教室を220カ所以上開設し、インターネットを用いた囲碁や列車予約の仕方をレクチャーした。
** 2010年に始まり、現在韓国で最も普及している無料通話・メッセンジャー・アプリケーション。日本のLINEのような位相のコミュニケーション・ツールで、韓国の国民的SNSと言われる。

負していたけど、あらゆる場面で先端技術が細かく施されていて、ちょっと困惑しました。例えば、タクシーを呼ぶアプリケーションが無ければ、タクシーがなかなか捕まらない。コロナ禍の時には、スマホ認証が無ければ入れないレストランもありました。特定のアプリを使うか使わないかという問題ではありません。とにかく、IT技術をうまく使えないと、社会全般のシステムに参加できなくなるんです。結構大変な変化ですが、驚くことにみんな比較的に適応しているということです。80代である私の母も、スマホで銀行決済を済ませ、YouTubeで情報を探し、カカオトークのコミュニティに入ったり、Zoomで会議に参加したりとか——。

林　うちの母ならすぐにパニックになります。実は私もですが（笑）。それは社会規模が関係するんでしょうか。私もうまく説明できませんが、日本も昔は「狭い日本、そんなに急いでどこへ行く」なんて言葉がはやったし、「島国だから」という言い方もありました。韓国も何となく社会全体で「韓国は小さい社会で、巨大な変化に追いつかないと駄目だ」と思い込まされているだけかもしれませんよ。いずれにしろ韓国社会の方が、そうした変革に対しては、躊躇しない感じがしますね。

金　何と言っても韓国の地政学的なあり方が影響を与えているのではないでしょうかね。アメリカ、中国、日本という大国のパワーゲームの中に挟まれているので、強くならないとならんぞという意識があります。日本の植民地だった歴史からの教訓でもあります。だから今やデジタル化など大きな変革にうまく乗らないと、将来的にこの国はやばくなるかもしれないという……。

林　そのようなところが、歴史教育もですが、学校教育の中で「だから我々は強くならなければならない」という教えになる気がします。

——それをITに求めているわけですね。でも、今最大の社会問題は少子化ですよね (S)。

金　過度な成長志向、変革志向がむしろ少子化を促している側面があるのではないかと、私は思います。IT強国を作ったと言われる親の高い教育熱の逆効果ですね。あまりにも教育を重視する、あまりにも学歴を強調する、それが個人にはすごい圧になるわけです。でも、いい大学に入りました、サムスンに入りました、となっても、サムスンをクビになりました、サムスンが駄目になりまし

た、というふうになりかねない……。そういう不安をあおる言説も常に流されます。切実な気持ちで全力ダッシュしてきたけど、個人としては乗り越えられない壁がある。そういう絶望感、不安感が少子化につながっているのではないかと思うんです。

林　この前の話のように、韓国社会の場合は、社会全体で大きなヒエラルキーがあって、みんながその中でトップを目指していくようなところがあります。

金　その通りです。例えば、高校でクラストップの学生は当たり前のように、国のトップとされるソウル大への進学を目指します。本来それはおかしくて、自分がどんな分野に興味があるか、その分野に精通する先生はどこで教えているか、将来にどんな分野で活躍したいかなど、進学先を選ぶ時に考慮すべき要素はいくらでもありますね。それを大学の名声1つにしてしまうなんて問題です。そういう硬直性が、韓国社会の大きい課題なのではと思います。

韓国は儒教社会なのか

金　日本に来た時から韓国は儒教社会でしょとよく言われました。ところが、実際に韓国で儒教はまったく話題にならないからちょっと違和感を覚えました。

──大まかに言うと「仁と礼」のイメージです。道徳や礼儀を重んじ、親や目上を敬うという (S)。

金　確かに昔はそういう価値観は強かったとは思いますが。

林　難しいのは儒教を宗教と捉えるかどうか。社会規範としては浸透していると思います。韓国ギャラップ調査研究所によれば、2021年の韓国の宗教人口では、プロテスタントが17％で、仏教が16％、カトリックが6％という数字になるんですが、その中に儒教は出てきません。宗教というよりも、基本的には社会規範になっているんです。お年寄りを大切するとか親孝行しろとか、他の宗教でも似たようなことは言っていると思いますが、儒教に結びつけて説明されていることが重要なんです。

金　実際に儒教の伝統が制度として残っているのは祭祀、つまり、先祖の命

104　第4章　人間関係のダイナミズム

日にお膳を捧げる儀式くらいなんじゃないかと思うのです。最近それもだいぶなくなりつつあるんですよ。祭祀を維持する家も、儒教的な信仰心からではなくて、それをきっかけに家族みんなが集まればいいんじゃないか、くらいの考えですね。だから儒教社会という言い方はピンときません。

林 日本でも法事で「正座すると足がしびれる」とかぶつぶつ言いながらも、集まってお経をあげます。だからあなたは仏教徒ですかと言われれば違うのと同じですね。その程度の話のような気がしますけど。

金 親孝行を重視するとか、師匠を親のように尊敬するとか、万事に礼儀が大事とかといった、儒教的な社会規範は確かに健在ですね。ただし、どちらかと言えば、かなり常識的な徳目で、「盗むな」とか「お隣さんと仲良くせよ」みたいな感じかな。

　ところで、日本の宗教人口を数えると、約1億8000万人と、人口を超える数字になるらしいですよ。お正月には神社に初詣に行って、お墓はお寺にあって、ハロウィンやクリスマスは盛んで……。

林 同じような話を学生にするんですよ。宗教人口は予備校の大学合格者数と似ていて、全国の予備校の東大合格者数を全部足したら東大の入学者数をはるかに上回るというジョークを聞いたことがあります（笑）。

──社会規範というタームが出ましたが、日本の場合、社会規範が大きく変換した時期が2つあるわけですよね。1つは明治維新。江戸時代から明治の時代になる時に社会規範が著しく変わったと思います。もう1つは、第2次世界大戦の終戦ですよね。あの敗戦によってアメリカから持ち込まれた民主主義というものが、法体系をはじめとして、道徳観とか広範に社会規範を激変させたんじゃないでしょうか。そのようなドラスティック（急激）な社会的な出来事というのは、韓国の場合は何かあるのでしょうか（S）。

金 そこまでさかのぼると、日本による植民地化された時代や朝鮮戦争の体験が大きいんじゃないでしょうか。

──日本による統治は、社会規範を変えるところまで影響があったんでしょうか（S）。

金 その時期に、元々あった風習や土俗的な伝統がだいぶなくなったのは事

実でしょう。例えば、1909年に朝鮮総督府によって韓国で酒税制という制度が初めて導入されました。この措置は、実質的に自家醸造を禁止する効果をなし、家でお酒を仕込む伝統的な風習がだいぶ消えてしまったんです。また、故郷を離れて異国への移住を余儀なく強いられた人々も多かったんです。この時期に、昔からのやり方や制度、衣食住のあり方などに急な変化を強いられたということは間違いありません。

林 どこまで社会的規範の変化に影響があったかを考えるのは興味深い問題です。酒税制については、税収という目的もあったでしょうが、衛生上の問題がある粗悪な「家醸酒」（自家醸造酒）が出回ることを取り締まるのに始めた側面があります。ただ、当時の朝鮮の人々にとってみれば、「余計なお世話」で、もちろんそれによって自家醸造の習慣が表から消えていったと言えるでしょう。

金 当時に導入された新しい制度は、確かに近代化、都市化という流れにも合致していたと思います。ただし、それに韓国の固有文化や習慣についての考慮がなかったということも事実でしょう。韓国の食文化でお酒はキムチと同様に家で仕込むもの、家ごとに個性がある飲み物という認識でした。江戸時代から商業的な酒蔵や飲み屋が存在した日本とは異なる背景がありました。だから、お酒を仕込むのに許可が要る、税金を払うという制度の導入はかなり唐突で乱暴な措置になるわけです。

林 ともあれ日本統治時代、その後の独立解放後に価値観が変わった部分は、自分たちが変わろうとして変わったんじゃないですよね。外から持ち込まれた。もちろん流されてしまった部分はあるでしょうけれども。だから日本が引き上げた後は、自分たちがまた元へ戻す。リバイバルさせるという感覚はあったと思うんです。

金 1990年代、軍事政権が終わってからは「日本色はすべて無くすべき」という主張が強まりました。例えば、1995年から1996年にかけて、ソウルの中心部にあった昔の朝鮮総督府の建物を爆破して解体したことは象徴的です。植民地時代以前の伝統文化や風習を復元するという感覚は、今も韓国にはあると思うんですよ。

林 日本の場合は戦後アメリカが持ち込んだ民主主義というのは、他所から

移入されたものではあるんですが、割とそのまま日本社会が受け入れた。韓国社会の場合は、日本統治が終わって独立解放を迎えた時に、自分たちが護ってきたものはやっぱりある程度儒教的な脈絡として捉えられます。日本から見たアメリカは「鬼畜」でありながらも、進んだものを受け入れる感覚で、追いつけ追い越せ的な感覚はあったと思いますが、韓国（朝鮮）の場合は、もともと日本より自分たちの方が文化的に優位であったというプライドが強かったことは、外来の様式の受け入れ方に違いが出たように思います。

金　興味深い考察ですね。確かにそういう側面があるかもしれません。ただし、儒教とは、庶民の日常文化を貫く価値観ではなく、朝鮮王朝の統治思想だったんです。普通の人々の精神世界は、仏教の影響も大きいと思うんです。極楽、輪廻、前世など仏教から由来した概念も土俗にはしっかり残っていたのだと思います。そういう意味で社会規範とはなかなかしぶといものですね。支配権力や制度、法律が変わっても、日常に根づいている習慣や慣行は簡単に変わらない存在でしょう。

――社会規範が変わったという例の1つに、朝鮮戦争も該当するんですか (S)。

金　朝鮮戦争は大変な時期で、一方で韓国が現代国家として形作られていく時期でもあったんです。戦争の中で法体系が整備され、教育システムも定まり、ラジオ局も動いていた。北（今の北朝鮮）から多くの人々が南に移住したし、南から北に行った人もいる。激しい移動と変動の中で、現代韓国社会の土台ができ上がったと思います。

　日本では、昔の前近代的な仕組みが残っているため、部落に対する差別問題などがまだ残っていると言われます。韓国では、朝鮮戦争の過程で、ある意味、前近代的な階級や制度、仕組みが意図せずに全部消滅してしまったのです。良くも悪くも、韓国社会を枠づける思想や制度の基礎は、戦争期に作られたと言っても過言ではありません。そこから休戦。それから韓国で起きたのが4月革命*

---

*　1960年4月、李承晩（イスンマン）大統領による不正選挙の疑惑が浮上したことをきっかけに、全国の大学生と市民が、反不正、反政府を訴える大規模なデモを繰り広げ、大統領の退陣を勝ち取った。デモのピークが4月19日だったことから「4.19（サイルグ）革命」とも言う。

ですね。市民の集団行動によって権力体制が変わることを初めて体験したわけです。それは韓国社会が民主主義のあり方を悟ったきっかけでもある。

身体の距離感が近い韓国

金　韓国ドラマが好きな日本の学生から「韓国では男性が女性をおんぶしてあげることは普通ですか」と聞かれたことがあります。韓国ドラマで、酔っ払った女性を、恋人の男性がおんぶするシーンがよくあるみたいですね。成人の男女がおんぶする光景は韓国でもあまり見かけませんが、恋人同士ならあり得なくもないなと思いました。他人の身体との距離感は文化によって異なりますからね。

──手をつなぐ文化もありますよね。林先生の『韓国がわかる 60の風景』にも、初めて韓国に行った時、ある街で道を聞いたら、先生と同年代と思われる男性警官が案内してやると手をつないできて、子どもみたいにその手を振りながら、嬉しそうに案内してくれたというエピソードが載っていますね (K)。

林　もう30年以上も前の話ですけどね。あの警官は兵役中の学生だったと思うのですが、外国人と歩くのが得意で見せびらかしている感じでした。もうああいう光景は男性同士では見られないかもしれませんが、女性同士や親子では、仲良さそうに手をつないだり手を組んだりして歩いているのは日常的な光景ですよね。

金　最近は女性でも友達同士が手をつないで歩くことはあまり見かけませんが、ただ、恋人や夫婦が手をつないだり、腕を組んで歩いたりする姿はよく見かけますね。韓国へ帰って空港でそのような光景を見ると「戻ってきたなぁ」という感じがします（笑）。個人的には親しくても身体接触は遠慮する方なので、日本の方が楽なんです。ともあれ日本より韓国の方が、身体的な距離感が近いというのは確かですね。

林　身体的な距離感につながるかもしれませんが、食事でも、おかずはテーブ

ルの真ん中に大皿を置いて、みんなでつっつき合って食べるというのが普通ですよね。でも30年前に、下宿先で水キムチが出された時にそうされたのにはびっくりしましたね。口ですすったスプーンを真ん中の水キムチにつっ込んで取って飲むんですが、直箸ならぬ直スプーンでつっ込むので、そのうち透明な水キムチにコチュジャンなどの不純物が浮かんでくるんですよね（笑）。

金 最近は韓国でも日本みたいに銘々のお皿に盛り付けて提供する店が増えていますよ。

林 日本式という表現が当たっているのかどうかはわかりませんが、小皿で個別に出されることがスマートに見えるんでしょうかね。私は個人的には、共食というか、みんなで皿や鍋をつつき合うという風習は残してほしいと思います。食事を通して距離が近くなるような気がしますし。ただ、一時期、肝炎対策で直箸に注意喚起がなされたことがありましたから、銘々に盛り付けるのが増えたというのは、そのせいもあるかもしれませんね。

金 食べ物をシェアすることは衛生上に望ましくないという認識がありますからね。ソウルなどの都会では別皿で出す洒落たレストランが増えているのは確かですが、田舎ではまったく昔のままの場合がほとんどです。

林 日本だって、しゃぶしゃぶなんかみんなで1つの鍋から食べるわけですしね。

──食べ物で言うと、やはり林先生が紹介していた話で、韓国に初めて訪れた日本人が綺麗に盛りつけられたビビンパを前に、どうやって味わおうかと考えていたら、食堂のおばさんがやってきて、おもむろにスプーンでぐちゃぐちゃにかき混ぜて、ニコッと笑って戻っていったというのは面白いですね。食べ方を知らない日本人に親切に教えてくれたという話ですね（S）。

林 おもてなしは日本独特の文化ではまったくなくて、韓国にもおもてなしは当然あります。ただそこで違いを見つけるとしたら、韓国の場合は「自分がいいと思うから、ぜひあなたも」という形で、自分が中心になることが多いように思われます。一方、日本の場合はどちらかというと、相手が何を欲しているのか、何をどうやったら相手が喜びそうかと考えて行動を起こすように思われます。そういう違いはあるんじゃないでしょうか。

身体の距離感が近い韓国　109

金　そう、自分がおいしいものは相手もおいしいに違いないという同一感というのでしょうか。とにかく身体的だけでなく、情緒的にも他人との距離感が近いですね。

感情を抑制する日本人にびっくり

——**韓国は激しく感情をあらわにするイメージで、男性でも結構人前で泣くという話も聞きます**（K）。

金　韓国でも男は泣いてはいけないと言われますよ。おそらく、泣くことは男らしくないという見方は、日韓だけでなく、全世界的なものではないでしょうか。

林　涙の話は私も講義に含めているんですが、日本だと「男子は死ぬまでに3回しか泣かない」って言われるじゃないですか。諸説ありますが、例えば1回は生まれた時、2回目は母親が死んだ時、3回目は娘が嫁ぐ時。この話をしたら、韓国人の留学生が「韓国にも同じような言い方がある」というんです。ただ、日本と違うのは「軍隊に行く時」が入っていると（笑）。

——**誰が泣くんですか**（S）。

林　ドラマにも出てきそうですが、前日に友達と飲みに行って「明日から行くんだ」とか言って本人が泣いたりするようですね。

——**明日から大変な日々を過ごすからということですか**（S）。

金　軍隊はつらい経験でしょうね。家族や友達からも離れますし、慣れない団体生活を強いられます。彼女に会いたくても会えません。それは泣きたくなりますよね。一方、軍隊で泣くのは本人だけではありません。息子さんが軍隊にいる母親ならみんな経験する、大変な瞬間があると言います。息子を軍に送るまでは我慢できたとしても、しばらくしたら入隊時に息子が着ていた私服が軍から郵送されてくるんですって。軍隊では軍服しか着ないので必要ないということですね。息子の私服を受け取ったら、もう彼には会えないことが実感できて、泣き崩れて

110　第4章　人間関係のダイナミズム

しまうんですって。

林　韓国には「泣いた子に餅をやる」ということわざがあるんです。泣いた子には餅をあげなさい、それが情というものだという意味です。だから人前で泣くことが必ずしもタブー視されているわけではないんです。涙は情につながりますので。日本でも似たような言い方で、「血も涙もない人間」と言えば、情のない人間となりますよね。もっとも朝鮮時代で言うと、「君子たるものは感情を表に出してはならない」ということになります。科挙に合格して感情をあらわに喜んだことが問題にされたこともあったとか。泣くという感情をあらわにする行為が抑圧されるような時代というのは確かにあったんです。

金　逆に日本で子どもが亡くなったとか悲しいニュースがあった時、母親が人前では泣かないように必死に涙をこらえる姿を見て、韓国の人は驚くんですよ。韓国だったら、人目をはばからず泣き叫んでいる場面ですよ。

林　セウォル号の沈没事故＊の時だって、親はみんな、ひどく泣き崩れましたよね。
　文化人類学者の崔吉城先生によれば、泣くという行為は、3つの類型に分けられると言います。「泣」は泣き声が中心で、感情をあらわにして涙を伴ったりします。「涕」は涙が中心で、感情を押し殺して、日本の葬式でみられるように声を上げない泣き方になります。最後の「哭」は泣き声の旋律が重要で、いかに悲しんでいるのかを第三者に伝えることを目的とする、儀式的な要素が強い泣き方です。本来、朝鮮社会における泣き方といえば、感情と縁遠い「哭」だったんですよ。ところが現代韓国社会では「哭」という泣き方ができる人がいなくなった。いつからか泣き方が「泣」だけに変わってしまったんです。

金　なるほど。今はお葬式でそういう「哭」をすることはあまり一般的ではないかもしれないんですが、ただ、事故だったり事件だったりして唐突に家族を失った人は、声を上げて泣き崩れるし、悲しさを外向けに表しますね。

＊ 2014年4月16日、全羅南道珍島の沖合で大型旅客船セウォル号が転覆し沈没、乗員・乗客を含め、約300名が死亡した事故。船には修学旅行で済州島に向かっていた京畿道安山市の檀園高等学校の学生と引率教員の339名が乗っており、そのうち261名が犠牲となった。その後、船長や乗員の不適切な指示が明らかになり世論は激昂した。合理化による船体の不備や非正規雇用の乗員の問題など、韓国社会の矛盾の表れとも指摘された。

感情を抑制する日本人にびっくり　111

林　そのような時に堪えている日本人に対しては、情がないなと――。

金　なんであんなに冷静な態度が保てるのか、不思議に思っちゃう。その辺り
は日韓の違いですね。

日本より親子関係が密接

――日本人の学生で韓国に憧れている学生には、何か傾向がありますか (K)。

林　憧れるというより、大学選び、学部選びの段階で、特に何かやりたいも
のがまだ決まってないという時に、K-POPが好きだし、韓国語が喋れたらなん
かいいよねという選択だと思うので、韓国語専攻を出たからといって研究者に
なろうというわけじゃない。せっかく韓国語を4年間学んだんだから、韓国語
が使える企業に就職したいという気持ちは持っていますが。それと、韓国が好
きで、韓国に住みながら働いてみたいという学生はそれなりに多いように思い
ます。

**――日本の学生は大学選びの段階で、この道に進もうと決めている人はそんな
に多くないと思うのですが、韓国の学生は、この大学に入ってこういう企業に行
こうという意識が強いのでしょうか (K)。**

金　そうでもないと思いますよ。自分の意思ではなく、親に言われて、あるいは、
高校の先生に勧められて、とかで、進学先を決めた大学生も結構いますから。
結局、専攻にどうしても興味が湧かないということで、中途退学するケースも少
なくないですよ。

林　当たっているかどうかわかりませんが、韓国の場合は卒業後に大企業に行
けるかどうかとか、より有利な就職ができるかどうか、それが大学選び、学部
選びに関わっていそうです。なぜかというと韓国社会の格差というのはシビア
ですから。J-POPが好きだから日語日文学科に行こうというふうには考えない
ですね。成績がよければ、J-POP好きでも、企業受けの良い大学に入ろうと

112　第4章　人間関係のダイナミズム

発想する。そこは日本と多少の差はありそうな気がします。

金　韓国の大学生の中には、経済的に親に依存している場合が比較的多いと思うんです。だから親に言われた通りにまずは行ってみる、親に言われた通りに考えてみる。

林　経済的に自立してないんじゃなくて、ご両親の意見が割と子どもに伝わりやすいというところはあるんじゃないでしょうか。日本は親の言うこと聞かないでしょ（笑）。どっちが良いとか悪いとかじゃなくて、韓国の大学生たちは、日本よりは親の言うことを聞く。

金　良くも悪くもですね。

林　そう。私ももっと親のいうことを聞いていれば、苦労しなかったのでしょうが（笑）。

金　それも素晴らしいと思いますけど（笑）。

――日本の親世代は、そこまで子どものことをコントロールするものではないという意識は持っていると思います。しようとしても言うことを聞かないし（K）。

金　韓国の場合は逆なんですね。親には子どもにいろいろやってあげなければならないという感覚があり、子どもも親に積極的に要求します。例えば「海外に語学研修に行きたいんだけど、なんで聞いてくれないの」というような具合で。親はやってくれるのが当たり前のように受け止める傾向があるというか。

――韓国の大学生はアルバイトはするんですか（K）。

金　それはやりますよ。ただ、「できるならばやってほしくない」と思っている親が多いんじゃないかと思います。大学生だからバイトより勉強してほしいということで。

林　本当にそう考えると、さっきのお年寄りのITの話じゃないですが、日本は保身を求める傾向が強くて、韓国は変革を求めていきますよね。攻撃的というか。

金　変革といえば変革ですけど、変なところまで積極的すぎることは問題だと（笑）。

林　変革を求める社会か保身を求める社会か、そういうところが大きく違いを感じますし、興味深いところだと思います。

頼み事で人間関係を深める

林 何かを頼むということについては、国柄の違いが大きいですね。私が韓国で感じたのは、韓国の人はよく物事を頼むなと。「これをやってくれ、あれをやってくれ」といろいろ言われる。初めのうちは、私の感覚で言えば、頼まれたからには絶対にそれに応えなきゃいけないと頑張っちゃうんですよね。で、一生懸命に頑張って頼みに応えても「ああ、ありがと」ぐらいで簡単に終わることが多い。

　そこで思ったのは、人にものを頼むことも1つのコミュニケーションなんだということです。いろいろ頼み事をすることによって、相手との関係性をよりつないでいくと言ったらいいんでしょうか。だから逆に頼まれた時も、ほどほどにやってみてできなかったら、「ごめんごめん、頑張ったけど駄目だった」と言えば、相手も「なら仕方ない」で終わるようなところがあります。

金 それは鋭い考察です。何かを頼むということは、逆にそのくらいは頼める親しい関係という認識でもあります。もっと仲良くなりたいということでわざと相談事を持っていくことさえあります。だから、「すいません、できないんです」って断っても意外とダメージがないというか、さっぱり「ああ、そう」で済む。

　林先生がおっしゃったように、頼むということは立派なコミュニケーション行為ですよね。特に韓国は、気軽に頼む、頼まれるというやり取りの中で、人間関係を深めていくという傾向が強いんです。頼み事の背後に文化的な文脈が潜んでいると思います。それは日本の文化にはあまり無い感覚かもしれません。実は、私は韓国人だけど他人に頼むことをあまりしない性格なんです。それが逆に相手に寂しい思いをさせて、文句を言われることもあります。相手にものを頼むということは、自分が頼まれてもいいですよ、というサインにもなりますから。

林 韓国の場合でも、たぶん頼み事の結果をまったく期待してないわけではないんですよね。何とかうまくいってくれといったような。ただ韓国は、その人が

いかにネットワークを持っているかというのが評価のポイントになっているので、頼まれたら、自分の友達にできる人がいるから頼んであげるよと、必ず探してくれる。友達の友達の友達くらいまで範囲を広げて頼んでくれます。

金　日本の大学院で修士論文を書いていた時に、仲良しだった同期と国会図書館に通っていました。図書館の食堂で簡単に昼食を済ませることが多かったんですが、ある日一緒に食堂に行ったけど、彼女が何も食べずにお茶だけをもらって飲んでいたんです。理由を聞いたら、バイトの給料が入る直前なのでお金がないというんです。もし私が彼女だったら「今日お金持ってないから払ってくれない?」と平気で頼めたと思いますよ。少し文化的な違いを覚えた瞬間でした。その時は結局、私がおごりましたよ。やはり韓国人の感覚では、食べることは大事ですし、親友の食事代を払うことはまったく意に介さないですから。韓国の友人との飲み会なら「今日、お金ないから出してよ」みたいなことは普通に言えます。

林　ない時はない時で、別におごられることが恥じゃないんですよね。

金　その通りです。ただ、その一方、フリーライダー問題も起こったりしますよ。1回もおごらないでおごられるばかりの人がいたり、「1回ぐらいはおごってよ」と文句をつける人がいたりします。だけど、そういうことを言ったり言われたりしながら、人間関係を深めていくということこそ、韓国人の付き合い方と言えるかもしれません。

林　金先生も「よく靴紐がほどける人」という表現を使いますか?　韓国ではレジの前で「今日、俺が払うから」「いやいや俺が払うよ」なんて言い争いになったりすることがよくあるんですが、金がない人は「靴紐がほどけた」と言って結びなおすふりをして、誰かが会計を済ますのを待つ。そんな人のことなんですけど。

金　ありますね。「レジの前でよく電話がかかってくる人」もいますね。レジの前にいる時に限って電話がかかって来る人(笑)。

整形も自己管理の一部？

金　韓国についてよく聞かれることの1つは、整形についてです。韓国の芸能人の中には整形した人も多いですし、韓国の整形手術やプチ整形についての関心も高いようです。確かに、韓国ではしっかりした整形顔の人をよく見かけますね【写真14】。

林　表に出すか出さないかみたいなことですよね。日本の女性も結構整形はしているけれども、あまり表立っては言わない。韓国の場合、美しくなることがなぜ悪いのかという感覚がありますよね。

金　整形のために韓国を訪れる日本人女性がいるという報道を見ました。確かに、韓国では「私、二重瞼にしたのよ」とか自分で明かす人は多くて、整形した事実を隠さずに明かすことを、かっこいいと評価する雰囲気もあります。

写真14　ソウルの江南エリアにある美容整形外科（2024年7月、金曄和撮影）。

整形の肯定的な面をまったく否定するわけではありませんが、個人的には大体の整形が特定の美の基準を目指すことはおかしいと思います。例えば「若顔にする」とか「スリムな身体を作る」とか、「西洋人のような目鼻立ちを作る」という目的での整形がほとんどですよね。

　本来、美しさという概念にはもっと幅があった。というか、美しいということは、外見だけで決まるものではなかった。人格や内面からにじみ出る雰囲気や態度、優しい表情、健康な姿勢、心づかいなどいろんな要素が交じり合った全体的な姿を見て、「あ、この人は美しいね」と思うんじゃないでしょうか。人によって美しさに対する評価もそれぞれ。美意識とはもっと奥が深く、豊かな多様性があるものだと思うんです。だから、韓国で整形が盛んだということは、美意識の幅が狭まったという意味に見えて仕方ありません。

──最近日本でも男性のセルフケア商品や化粧品などが増えてきているんですが、韓国の男性も整形するんですか（K）。

金　最近の若い男性は整形や化粧にあまり抵抗が無いと聞きますね。

林　これは揶揄めいた話になりますけども、盧武鉉大統領が二重瞼の手術をしたとかしないとかって話がありましたよね。

金　彼は美的な理由で手術したわけではないと聞いています（笑）。ただ、今や若い男性の間で、整形手術が増えているのは確かですよね。

林　男性が化粧することが気恥ずかしいという感覚が、今はもうほとんど残っていない気がしますね。それはやっぱり、韓国の男性アイドルたちがこれだけ世界で活躍をしていて、かっこいい。男性はやはりかっこよくありたいという価値観に変わってきているからじゃないでしょうか。

金　韓国で整形がはやっている背景として、整形をすることも自己管理の一部という考え方があります。もちろん人が整形をする第1の目標は綺麗になりたい、自分にもっと自信を持ちたいということでしょう。ところが、その欲望を正当化する論理の1つとして、好感を与える外見は社会生活にも役に立つと考えられていることが挙げられます。ハンサムな男、綺麗な女は就活に有利だとか、婚活もうまくやれるなどという考え方です。

林　TOEICの点数を上げるような感覚でプチ手術をするんですね。TOEIC
の点数を上げた方が企業に入りやすいし、かっこよくなった方が企業に入りや
すい。一種の自己投資という側面もありそうですね。

金　個人的には、そういう感覚に違和感があります。社会生活において外見
の好感度は影響がまったくないとは言えませんが、長期的には本質的な要素で
もないと思うからです。人柄の良さ、誠実性、スマートさなどなど、仕事や社
会生活に評価される要素は他にたくさんあります。外見はそうした要素の1つに
過ぎませんよね。

　だから、こういう正当化の後ろに新自由主義（ネオ・リベラリズム）的な社会の
雰囲気があるのではないかと思ってしまいます。新自由主義とは、国家による
市場への介入を最小限に抑え、市場と民間の自由な経済活動をどんどん促そう
とする思想です。市場での自由競争を促進することで効率的な経済、社会シス
テムを作ることができるという考え方とも言えます。この思想をめぐって賛否両論
ありますが、21世紀以降、こうした思想が日韓を含めて全世界で強まりつつあ
るということは事実です。

　新自由主義の中で強調されるキーワードが「自己責任」です。自己責任と
いう単語には両面性があるんです。自分の実力で自由競争に勝てる人には良
い意味でしょうが、それができない人は余儀なくドロップアウトですね。だから、
新自由主義的なシステムでは、個人は自由競争で生き残るために、しっかり自
己管理、自分磨きをしなければいけないのです。

　韓国でも1990年代後半のIMF事態以降、新自由主義的な傾向は持続的
に強まってきました。その中で、整形する、化粧する、ジムに通うなどの自分磨
きも自己管理の一部であるという認識が生まれた。そういう認識が、美しくなり
たいという個人の欲望とうまい具合に結合したんでしょう。男性も自己管理の
一部として外見を磨かなければならないという考え方を抵抗なく受け入れるよう
になったと思うんです。

　ただし、そのような潮流への反動というか、まったく異なる流れも出ているん
です。新自由主義的な価値観と画一的な美意識には一線を引き、自分らしく

新しい道を開いて行くんだと感じる人も増えているんです。特に若い女性の中には、意図的に化粧しなかったり、ハイヒールを拒んだりするような動きも出ています。女性に美しさを暗黙的に強要する社会に反対し、他人の目線を意識せず、自分らしく生きたいという意思表明を「脱コルセット運動」と言います。今の韓国では、整形や化粧のブームで象徴される外見至上主義と、それに意識的に対抗する動きが併存していると思います。

食のコラム③
1人で飲み屋は「上級」

——**韓国では男性が1人で食事に来ると、よほど友達のいない寂しい人だと思われると聞いていますが、本当なんですか** (S)。

金 確かに 昔は1人で食堂に行くと変な目で見られちゃいましたが、今はそうでもないですよ。

林 「ホンパッ」という言葉があって、「ホン」は1人、「パッ」はご飯。「ひとりメシ」という意味ですね。昔、屋台に行って1人でチビチビ飲んでたら、屋台のおじさんから「日本人は本当に1人でチビチビ飲むよね」と言われたこともありました。

金 私も平気で1人外食はできますが、1人で飲み屋はきついです。1人だったら家で晩酌ですね。

——**ひとりメシが普通になったのはいつごろからですか** (S)。

金 2000年代半ばまでは1人で外食すると、周りから「この人、大丈夫かな」という顔で見られました。今は全然そうじゃない。ただし、今の時代には1人で食べるといっても、気持ち的には全然1人じゃない気がしますね。食事をしながらずっとカカオトークでメッセージのやり取りをするとか、YouTube で動画を観るとかなので。

林 同じことを言っている人がいました。「ちっともホンパッなんかじゃない」って（笑）。ひっきりなしにコメントが入って、それに打ち返しているから、1人で飲んでいるんじゃないと。

金 まあ、日本のドラマ「深夜食堂」と「孤独のグルメ」は韓国でもファンが多いんです。日本のドラマや映画にはとにかく1人飲みのシーンが多い印象ですが、堂々と1人で飲み歩きのできる「上級の人」は、韓国ではまだ少ないとは思いますね。

第 **5** 章

地域から韓国を探る

都市と地方

写真15　新安郡荏子島にあるタマネギ畑（2019年6月、林史樹撮影）。

日本の東北地方と関東地方を合わせた広さを持ち、約5000万人の人口を抱える韓国。カルチャーの中心地として取り上げられる首都ソウル以外の土地にも、豊かな自然や伝統的な風習など韓国を語る際には欠かせないさまざまな要素が溢れています。
日常生活における緑地への感情の違いや移動手段、身体で味わう土地の雰囲気といったリアルな感覚を、日本と韓国どちらも知り尽くした2人に語り合ってもらいました。

ソウル＝韓国ではない

金　林先生が関西と関東の違いに触れておられて、それで私も気が付いたんですが、日本文化はこうだ、韓国文化はああだというふうに、ひとかたまりで相手の文化を相対化することは、やはり注意しないといけませんよね。今までの対談で「日本文化はこうだ、韓国文化はああだ」とガンガン言ってきたくせにと、つっ込まれるかもしれませんが（笑）。関西と関東の文化が違うように、韓国でも地域や場所によって、習慣も雰囲気も結構異なるんです。

林　まったくその通りで、韓国というものの中の多様性を同時に見ていく必要があるんじゃないかなと思います。私が学生によく言うのは、まず1つは、ソウルとかソウル首都圏というのは非常に特殊な場所だと。私は地方に行くことが多いのですが、ソウル首都圏と地方との違いと言った時に感じるのが、街中で土が見えるか見えないかということです。

　ソウルでは高層ビルが目立ち緑があまり見えません。土地が見えたと思ったら再開発のビルの工事現場とかそんな感じで。もちろん大きな公園や王宮はあります【写真16】。清渓川沿いの清渓川公園やタプコル公園、王宮でいえば徳寿宮や昌慶宮とか、あるいは宗廟など、広い空間や緑があったりはしますけれども、それ以外はビルとコンクリート。ソウルは本当に便利ですし、私もソウルを起点にいろいろ動くんですけれども、今言った違いは大きいなと感じます。金先生も東京と地方の違いを何か感じられたと思うんですけども、いかがでしょう。

金　日本に住みながらいろんな地域を訪問しました。海外の観光客としてではなく、普通の生活者として出張やバケーションのためにですね。まず、地方の中心都市の駅前の風景は大体同じだと感じました。例えば、駅ビルにショッピング・モールが入っているとか、付近にビジネス・ホテルや飲み屋が立ち並んでいるとか。ただし、少し踏み込んでみると、人々の振る舞いや食べ物が異なったり、地域独自の風習があったり。いわゆる、典型的な「日本文化」とは違

写真16 ソウル市内にある「ソウルの森公園」の入り口（2024年7月、池股秀撮影・提供）。

う雰囲気を感じたことも多いんです。

　同じことが韓国についても言えると思います。日本人が韓国旅行をするといえば、大体ソウルに行きますよね。ソウルの有名な観光地を回るとか、K-POPの聖地に行くとかということが定番のようです。そういう経験から「韓国は都市の真ん中に立派な昔の宮殿があるのが美しい」とか、「韓国の女性は整形が好き、化粧が上手」とか言うんですね。確かにそれが観光客に目に映ったソウルの顔かもしれませんが、韓国文化を代表する風景とは言えませんよ。林先生もおっしゃるように、韓国文化と一概に言っても中には多様性があります。地域によって、あるいは、世代や性別、職業などによっていろんな違いが存在する。その中でも地域という区切りは面白いと思うんですよね。

　例えば、韓半島（朝鮮半島）でも南側ほど、いわば儒教的な伝統や風習をしっかり守るという思いが強いんですよ。日本では、そういう南側の地方色が

124　第5章　地域から韓国を探る

韓国文化として理解される傾向があるのではないかと思うんです。第4章の中で韓国文化に儒教の名残が強いという話がありました（P104）。韓国文化の全般的に儒教の影響は間違いないですが、今でもその雰囲気が残っている地域は、どちらかといえば、全羅南道や慶尚南道など南部地方だと思うんです。だから、ソウルと首都圏に住んでいた私は、日本で語られる韓国文化というものには違和感を覚えることも多かったんです。

　　例えば、日本でよく知られている「チヂミ（지짐이）」という韓国料理がありますよね。林先生はよくご存知だと思うんですが、「チヂミ」は慶尚道の方言ですよね。ソウルでは「プッチムゲ（부침개）」や「ジョン（煎、전）」と言うのが一般的なんです。だから、私は日本に来て間もない頃には、日本でチヂミが韓国料理の代表格になっていることが不思議でした。

林　面白い話ですね。それは地方性というよりも言葉の伝播の経緯になるんでしょうけれども。釜山あたりの方言が、料理とともに日本に入ってきて、それが今度、逆輸入的に韓国に入って、ソウルなんかでも観光客向けに「チヂミ」って大々的に看板に書かれたりしていますよね。

金　人とともに移動する言葉の性質を考える上で興味深い事例ですよね。ところで、韓国の中でも地域によって日本とのつながりが強かったり弱かったりすることも面白いですよ。私なんかは北の方の家系ですから、日本文化とのつながりが比較的に弱いんです。南の方に行けば、実は日本に親戚が住んでいるんだとか、おじいさんが昔日本で働いていたとか、日本と何らかの形で関わりがあったという話はよく聞きます。植民地時代のことなので結構厳しい話も少なくないんですが。とりあえず、韓半島の全体からいえば、北よりは南の方が、日本と地域的にも近いですし、文化的にもつながりやすかったのでしょう。

林　確かにそうですね。南北の違いの話はまたそれで面白いのですが、韓国の地方性の話に戻ると、国内での地域対立的なところから地域性が見えることがあります。大阪が東京に対抗意識を持っているような感じで、釜山の人間はソウルに対抗意識を持っていて、ソウルの人々のことを利己主義でちゃっかり者という意味の「カッチェンイ（깍쟁이）」と非難したりします。他人には負担をさ

ソウル＝韓国ではない　125

せても自分だけは負担したくない。自分のものはしっかり確保しておいて、あわよくば他人のものを使ったり、かすめ取ったりというふうな言い方で悪口を言ったりもします。

金 私はソウルが長かったんですが、確かに釜山の人はそう感じるかもしれませんね。大阪人の東京に対する思いまでではないかもしれませんが（笑）。やはりソウルの人は損得勘定がうまい、お洒落好きで計算高いというイメージはありますね。単にケチというニュアンスではないと思うんですが。

林 面白いのは、欲深いんじゃないんですよね。漠然とした捉え方ですが、韓国の人が日本に来た時に感じるようなことと似ているのかなと思ってみたりもします。前にも触れましたが、私が大阪から東京に来た時、コミュニケーションの違いをずいぶん感じました。例えば、関西では、仲が良ければ勝手に相手のものを使ってしまうようなところがあったりします。その行為には、それができることが仲の良い証明だといったニュアンスがこもっていることもあるでしょう。関東では、自分の家に土足で上がられる感覚となり、プライバシーの侵害と受け取る範囲が関西よりも広いと感じられます。「あなたとは仲が良いけれど、それは駄目。なんであなたがそれに触れるの!?」みたいな感じですよね。関西では関東と比べて自分と他者の線引きをあまりしないように思います。韓国もどちらかというと線引きをあまりしないように思うのですが、韓国の中でも、釜山とソウルの間にもそのような違いがあるのではないかと。

　あともう1つは、大阪の人が東京に持っているコンプレックスのように、釜山の人がソウルに持っているコンプレックスがあって、「いや、あいつらカッチェンイだから」とか言って、相手をおとしめるというか、陰口を叩いて満足感を得るようなところはあるのかなと思っていますけどね。

ソウル一極集中の理由

――韓国全体の人口の半分をソウルが占める一極集中になっています（S）。

林 ソウル市内だけだと今は少し減って1000万人切るくらいですが、ソウル首都圏で半分くらいですね。京畿道（キョンギド）が大体1300万人ぐらいで、仁川（インチョン）が300万人くらいですから、ソウル首都圏に仁川を合わせると、韓国全体5000万人の半分ぐらいの人口ですね。

――いつから、なぜ、そういう状態が起きてきたんでしょうか（S）。

林 1970年代初頭はソウルの人口はまだ600万人ほどでした。韓国の高度経済成長期に、地方からどんどんソウルに人が上がってきたのが70年代から80年代でしょうか。

それまでは、実は朝鮮戦争の時にソウルの人口は減るんですよね。だって北から攻めてきたから。それで釜山の方が人口が多くなるんですよ。それが朝鮮戦争の休戦でまた落ち着いてくることによって人が戻ってきて、朴正熙政権になって経済政策がテコ入れされ始めて、また今度ソウルに人口が集中していく事態が生まれた。80年代後半には、ソウルが1000万人都市になっていくんです。それからも人口増が続いたため、ソウルは北朝鮮からも近いし、首都機能移転とかが議論され始めたわけです。*

それにソウルだけでなく、周辺のベッドタウンの人口増加を考えると人口偏重が問題視されるのは仕方ない側面もあると思います。

金 おっしゃる通り、朝鮮戦争をきっかけに大きな人口移動があったと思います。北からの多くの避難民がソウルや釜山に定着しました。実は、うちもそういう家系です。戦争の時、父方も母方もそれぞれ平安道と平壌から南に避難したそ

---

* ソウルの人口が初めて100万人を超えるのは1942年で、朝鮮戦争時は65万人ほどにまで落ち込む。1959年に200万人を突破し、1963年に300万人突破、1968年に400万人突破、1970年に500万人突破、1972年に600万人を突破する（『指標でみたソウルの変遷』ソウル市政開発研究院、2003年、未邦訳）。

うです。父は北での生活をよく覚えていていつも帰りたがっていたのです。結局、帰郷できず亡くなりましたが。ところで、1960年代から70年代の経済成長時代には、全国から多くの人々が上京しました。企業や工場が集中している首都圏の方が仕事しやすかったためです。その時からソウルの人口が急に増加したのです。1990年代以降は、ソウルの周辺に計画的に作られたベッドタウン、いわば「新都市」に移住する動きも出ますが、とりあえず、ソウルと首都圏にどんどん人々が集まる状況は長期間継続しました。

増えてきた「帰村」

金　日本でも東京中心主義が語られますけれども、韓国でもソウル中心主義への懸念が強いんです。韓国の場合、国土が日本より狭いですから、経済、政治、文化など社会のあらゆるインフラがソウルにもっと集中していますよ。そういう意味では、ソウル対釜山というのではなく、ソウル対他の地域全部という構図なのだと思うんです。韓国語で田舎は「シゴル（시골）」と言います。言葉の定義として「シゴル」とは「都会から離れていてより自然に接することができる地域」という意味ですが、「故郷、ソウルではない地域」という意味でも使われるんです。つまり、ソウルではない地域は、全部田舎という認識さえありますから。

　大邱や光州は、釜山ほどではないけど地下鉄も走っている、けっこうな大都会なんです。ところが、そこらからソウルに留学した大学生がソウル出身の子に「あなた、いつシゴルに帰るの？」と聞かれてカチンときたとか。大邱や光州はまったく田舎なんかじゃないけど、シゴルと言われるなんて、ということです。でもソウルの子からは、ソウルではない地域はみんなシゴルなんですね（笑）。

林　似たようなことは日本でも言えると思います。東京で地方出身といえば、大阪や名古屋、福岡もその枠に入ると思いますね。ただ日本における東京に比べても、韓国におけるソウルというのはあまりにも強大ですよ。面白い話があって、

128　第5章　地域から韓国を探る

もうかれこれ20年近く前になりますけれども、公州という地方都市で調査をしていた時のある日、調査対象者であったお兄さん夫婦と車でソウルに行く機会があったんです。いつもどおり車内でも気楽に世間話をしていたんですが、ソウルに近づくにつれて、奥さんがすごくそわそわしてくるんですよ。当時は30代半ばくらいで韓国の習慣にしたがって私は「お姉さん」と呼んでいましたが、そのお姉さんが急に車の中のミラーを見ながら、緊張した面持ちで化粧をし始めるんです。「急にどうしたんですか?」と聞いたら、「ソウルに行くと女性はみんな綺麗だから、馬鹿にされないように化粧をする」と言うんです。地方と都市のギャップを感じさせる体験ではありました。今は、そういう感覚はだいぶ落ち着いたのかどうなのか……。

金　ソウルに対する憧れ意識はまだありますね。ただ、その一方に、国のあらゆる機能がソウルに集中することに対する懸念も強いんです。首都圏中心主義を克服することが国政の主要課題にもなっているのです。例えば、盧武鉉政権の時から首都移転をめぐる議論が続いています。ソウルではない別の都市に行政の拠点を新たに作り、首都をそちらに移転するという計画で、首都圏中心主義を解消する方策として推進されていました。ところが、それは政治的に賛否両論を呼び起こし、結局、最高裁判所によってソウルからの首都移転は憲法違反だという判断がなされたのです。それでまず首都を移転することはできなくなったんですが、それでもソウルの機能を地方に分散するという試みは継続しています。現在、国の中央行政機関はソウルの衛星都市である果川市と、ソウルから高速鉄道で2時間弱の世宗市に分散されています。国会なども世宗市に移転するという議論があるとか、ソウル中心傾向を克服する努力は継続しているんです。

　そういう政策とは別次元で、最近はソウルに住むことにこだわらないという傾向も現れました。特にコロナ禍を経て、大都市の居住環境に疑問を持つ人も増えたんです。ソウルは山で囲まれた都市なので一見自然豊かに見えますが、その中の住居環境を見ると、高層マンションに住んでいる人が多く、いつも自然や緑に接することができるわけではないですね。都会を抜け出して自然に帰りたがる人も増えたのです。

林 「帰農」と言われる動きですよね。

金 「帰村」という言い方が最も合うと思います。田舎に帰ったって必ずしも農業をやるわけじゃないので。そういえば、私なんかも帰村に当たるケースかもしれません。長い東京生活をたたんで帰国した時に、大都会ではなく、森が近くて自然豊かな田舎に住まいを決めたのです。鹿が走ったり、蛍が飛んだりする田舎ですけど、ソウルから車で1時間半くらいですね。車でなければどこにも行けないという不便はありますが、インターネットでしっかり仕事もできますし、今のライフスタイルに満足しています。昔だったら引退後に夢見る生活かもしれませんが、今や30、40代の働き盛りのカップルや家族が大都会を離れることも結構あります。

林 日本でいうIターンですね。Uターンではなくて。おっしゃるように農業ばかりではないでしょうけどね。ソウルを中心とする都市や会社における人間関係に疲れてといった理由が引き金になるケースが少なくないですよね。

金 都会に住まなければならない事情の人もいますよね。お年寄りの場合は、病院や大衆交通など、都市のインフラを使わなければなりませんし、また、子どもの教育のために、仕方なくソウルに住み続ける親もきっといると思うんです。ただし、そういう条件さえなんとかクリアできたら、田舎に住むという選択肢も魅力的に受け入れられつつあると思いますね。

風水に基づく都市計画

林 あと金先生がおっしゃった中で1つ補足が必要なのは、実はソウルと東京と言っても、東京は23区ですよね。23区の面積はソウル市とほぼ大きさが同じで、人口もほぼ同じなんですよ。ところが我々外国人としてソウルの街中を歩く時は、すごく密集して見えるんです。それは先ほど私が言ったような、土が見えないということなんですけども、実はソウルって端の方に行ったり、中心でも景

福宮（P83）の周辺とか、南山タワーの周辺とかに行ったりすると、かなり緑が多いんですよ。だから、人が集まっている場所は、本当に高密度に集約されているというのが1つの特徴で、さっきから先生がおっしゃっているような住環境というのも、高層マンションに人を集めているから、本当にもう緑が見えなくて密集している。高層ビルが立ち並んでいるんですけれども、逆にソウルの中でもちょっと端に行けば、緑だらけでもあるわけです（笑）。かえって東京23区よりソウルの方が、たくさん緑があるっていう言い方ができなくはないですよね。東京23区って、公園とか街路樹の緑はあるんですけれども、本当に大きい緑は皇居、代々木公園や上野公園、赤坂御用地や新宿御苑など、数えるぐらいじゃないかなと思うんですよね。それに比べて、ソウルには山が含まれますよね。南山や隣接する梅峰山、西大門区には仁旺山や鞍山、白蓮山、何よりもソウルの中心街の1つである鍾路を含む鐘路区は青瓦台の裏手の北岳山の他、広く山地も含んでいますので、緑の面積ははるかに広大です。私が先に言ったことと矛盾するようですけども、旅行者が動く範囲やオフィス街の中心部は緑がないし、土も見えないという感じは確かなんです。ただ、ソウル市自体は山で囲まれており、端は山地を含んでいるというわけです。

──山レベルの自然が、まだ緑としてあるということですか（K）。

金　ソウルは、都市の中心部に南山がつったっていて、四方八方に山があります。その真ん中を大きな漢江が流れ、都市を二分しています。ソウルくらいの大都市が高い山の壁に取り囲まれていることは、海外ではあんまり見られない風景のようです。

林　だからソウルの境界線って言った時には、金先生もたぶん登られた冠岳山、ソウル大学の裏側ですが、その頂きまでソウル市に入っているはずなんです。冠岳山といえば、東京の高尾山くらい高い山 * で、そのハイキングコースはもちろん緑豊かで、自然に恵まれていますが、それもソウル市内に含まれているわけです。高尾山は東京都にありますが、東京23区内には、山のような広大な緑

---

* 冠岳山は標高632m、高尾山は標高599m。

風水に基づく都市計画　131

はないですよね。

——例えば東京で個人住宅を作る時に、戸建て住宅の中には必ず緑を入れますよね。つまり緑を保全しようという文化自体は日本にはあると思うんですが、ソウル、韓国の人たちはその辺はどういう感じですか (S)。

金 そういう規制は韓国の都市にもあると思うんです。日本には、日常の細かい場面に美しい要素を丁寧に配置していく美意識がありますね。そのような感覚からは、韓国のお店でしばしば見られる汚い光景に違和感を覚えるでしょうね。例えば、レストランで食材を入れる冷蔵庫がお客さんが食事をするホールの端っこに置いてあるとか。そういう光景は日本の方にはホスピタリティーが足りないと見えてしまうんでしょう。ただし、韓国でも独自の美的感覚はあるんです。とりわけ自然環境を大切にしなければいけないという感覚はちゃんとあると思います。

　でも、今韓国の住環境は、大体は共同住宅なんですね。特に都会では一戸建てに住む人が少ないんです。韓国では非常に多くの人々が高層マンションに住んでいます。団地レベルで緑を確保するという規則はありますが、そればかりでは足りませんよね。個人的には、びっしり建った高層マンションのため、都市がコンクリートに覆いかぶせられたことがすごく残念です。おそらく私みたいな気持ちの人も少なくないと思います。

林 はい。ソウルのマンション群なんかでも必ず公園を設置するなどしていますので、住環境の中に緑を入れていく感覚があることは確かなんです。

——関東平野という広大な平地の中の東京と、山地が多くて、山に囲まれているようなソウルとでは、やはりいろいろ違いが出てきますよね (S)。

金 ソウルは朝鮮王朝の立ち上がりの際に、綿密に検討されて計画的に作られた都なんですよ。前に水の流れがあり、後ろに山がある。風水が良いことで選ばれています。実は韓国の歴史のある都市は、大体、山を背負い川を眺める地形です。初めて東京を眺めた時は、本当に平野が多いなと感じました。自転車であちこち行きやすいんですね。でも、ソウルは坂が多くて自転車は大変なんですよ。だからソウルでジョギングで走ったり、自転車に乗ったりする場所は、漢江沿いのリバーサイドなんですね。

132　第5章　地域から韓国を探る

林　風水で言うと背山臨水ですよね。山を背にして水に臨む。過去からつながる都市計画を考える時に欠かせない考え方ですね。

　その他、私が韓国に行った時にまず感じたのは、岩山が多いなという印象ですね【写真17】。日本の山の美しさというのは、木々が青々としているというのが美しさの基準にあったりするんでしょうけども、韓国の場合は岩と緑のコントラストが尊ばれる。金剛山(クムガンサン)では「万物相」という岩石群が有名で、岩がいろんな模様に見えてきたりする。それと緑とのコントラストが韓国人の好む山の美しさと言えます。同じ山と言っても、そこに見出す美意識はずいぶん違うと言えそうです。

金　なかなか興味深い考察です。自然環境のあり方がそこに住んでいる人々の美意識に影響を与えるというのは、説得力があります。

林　逆に川の場合は、日本の川よりも長い川が朝鮮半島には何本か通っていますが、「大河」というイメージがあるように思われます。少なくとも日本のような流れの速い川で見られる「急流下り」が観光資源となるなんて、韓国では聞かない話です。韓国で近年見られるラフティングは、観光という捉え方ではなく、スポーツやレジャーの範疇で捉えられるものと言えます。やはり同じ川といっても、そこに求める景観は違うと言えるでしょう。

写真17　岩が多い韓国の山。写真は韓国の代表的な名山である雪岳山(ソラクサン)（2022年3月、金曘和撮影）

風水に基づく都市計画　133

日本庭園の自然は手を加えた自然

林　今の話の中で1つ指摘しておきたいのは、日本は「緑」を愛でると言いながら、愛でる緑は手を加えた緑なんですね。講義で学生に話をする時に、日本庭園のような公園の作り方は、自然のそのままじゃないという話をします。自然と言いながら、人の手が加わった人工物なんです。韓国の場合は緑と言ったら、あんまり手を加えないんですよね。そのままで見せてくる。そういった緑の取り入れ方とか緑に対しての感覚は、日韓で違いが見られますね【写真18】。それこそ盆栽とか、庭木や植栽を綺麗に剪定する。それは見方によっては、植物虐待に近いかもしれないですね。

金　やっぱり日韓の美意識には違いがあるんでしょう。例えば、ガーデニングが好きな日本人の感覚では、韓国の庭園はしっかり管理されていないように見えるかもしれません。花や草が生い茂っていて土の境界も曖昧で、ちゃんと整理された状態には見えなくても仕方ありません。韓国文化では、自然の形を残した上での美しさを追求するんです。実は、綺麗に管理されている日本庭園に対しても韓国人の評価はやや厳しいのです。手入れされすぎていて好感が持てないという人がいるわけです。日韓で美しさを判断する基準に違いがあることは確かでしょう。個人的には、自然な姿を大事にする韓国の美意識も好きですが、日本の美意識も素晴らしいと思うんです。手を加えた美しさを求めることは、自然より人工を高く評価するというよりは、丁寧に手入れをする真心こそ大事にするという思想があると思うからです。

――**面白い話ですね。今の話からは少しずれるんですが、日本でマンションの名前を付ける時、〇〇パレスとか、□□キャッスルとか、大仰な名前をつけますよね。外国人に手紙を出すと「あなたは宮殿に住んでいるんですか?」とビックリされるといった笑い話、というか笑えない話があるんですが、韓国のマンションの名前の付け方はどうなんですか (S)。**

134　第5章　地域から韓国を探る

写真18　ユネスコ世界文化遺産になった慶州(キョンジュ)の仏国寺(ブルグッサ)の庭園（2022年7月、金暎和撮影）。

金　それは鋭いご指摘です。韓国でもアパート（韓国では日本で言うマンションをアパートと呼ぶんですが）の名前がどんどん変になってきているんですよ。住民たちさえ、なんでこんなに変な名前のアパートに住まなければいけないのかという不満が出るとか。21世紀に入ってからアパートのブランディングが重要になり、ブランディングに成功したアパートの値段が上がるという事情もあると言います。

林　一昔前になりますが、韓国の場合は建設会社の名前を出す方がブランドになりました。現代(ヒョンデ)とかロッテとかを入れることで資産価値が上がると捉えていたと思うんです。でも今の金先生のお話を聞いていると、ちょっと違ってきているのかなと。

金　最近は、ロッテ建設のアパートは「ロッテ・キャッスル」、現代建設のアパートは「アイパーク」、サムスンで建てたアパートは「レミアン」というふうに、独

日本庭園の自然は手を加えた自然　135

自のブランドで推していますよ。最近は「○○ヒルズ」とか、「△△フォレスト」など、とりあえず、眺めが良いことを強調する名称が多い気がします。

林 今度韓国に行ったら、気を付けて見てみたいですね。実は、行くたびにいろんなパンフとかチラシとかは持ち帰っているんですが、中にロッテ・キャッスルがありますね。紙ごみの回収と揶揄されそうですが、私にとってはお宝の回収です（笑）。

金 人類学者の宿命ですね（笑）。

韓国にもいる「九州男児」？

──言葉でいうと、例えば大阪弁と東京言葉は、明らかに違いますよね。中国だと北京語と広東語がある。韓国の中では、言語的な差異というのはどうなんですか (S)。

金 北京と上海では言葉自体が異なりますが、韓国ではどこでも韓国語とハングルで通じますよ。でも、地域ごとに方言もあります。日本でも津軽弁とか、同じ日本語でもずいぶん異なる方言がありますよね。

韓国も似たような状況です。方言によってはとても聞き取りにくい場合もあります。例えば、済州島には、本土とはまったく異なる土着の言葉もあるのですが、それも沖縄には沖縄のウチナーグチが残っているような状況と同じじゃないかなと思います。

──すると例えば、関西から東京に進出してきたタレントとか漫才系の芸能人があくまでも関西の言葉を使うというような、そういう対抗意識はあるんですか (S)。

金 日本ではお笑い＝関西というイメージがありますよね。韓国ではそこまではないかな。でも、方言を笑いのネタにする芸能人はいますね。

日本でも「九州男児」とか言いますが、韓国にも地域と人と結びつけたイメージがあります。例えば、慶尚道の男は無口だけど人はいいとか、女性に甘い言葉はかけないけど実は親切だとか。

136 第5章 地域から韓国を探る

林　私が外国人として韓国の方言を見た時、違いは当然あるのですが、感覚的にいえば、津軽弁とか鹿児島弁と比べると、そこまで差はないような気がします。語尾とか単語レベルで多少違ってもまったく聞き取れないわけではない。2001年公開の映画「友へ　チング」（クァク・キョンテク監督）でも、クセの強い慶尚道方言が飛び交い、それが受けていました。

　2000年前後に「韓国で最も有名な日本人」としてテレビに出て大人気になった水野俊平さんという方がいますが、彼が人気を博したわけは、全羅道方言を駆使して、日本と韓国のことをジョークにしたからなんです。方言を駆使する外国人という枠で、当時はかなりインパクトがありました。今は北海商科大学で朝鮮語を教えていますが。

　私が韓国に来た頃よく聞いたのは、忠清道あたりはすごく言葉をゆっくり喋ると聞きました。それで、山の上にいる息子が麓の父親に向かって「石が落ちたから危ないよ〜」と大声で叫んでいる間に、喋るのがゆっくりだったため、石が落ちて父親にぶつかったというジョークを知りました。

――話は少し戻るんですが、地域のイメージでいうと、他にどんな例がありますか (S)。

金　例えば、慶尚道の場合、「男は無口で無愛想」というイメージがある一方、「だけど本当は優しくて情が深い」ということもよく言われます。また、慶尚道の中でも釜山は、人々の気が短いと言われます。商業で繁盛した都市だけに、そういうイメージになるのでしょう。

林　『択里志』という資料は、朝鮮時代に書かれた地理書ですが、朝鮮の各地の自然環境と人の営みを記しており、土地ごとの住み心地などが書かれていて、地域差に着目した面白い書と言えます。また朝鮮初期の儒学者である鄭道伝（1342-1398）が語ったとされる「八道四字評」は、各地域の人々の性格を漢字4文字で表しています【表1】。例えば、全羅道であれば「風前細柳」。これは「風に吹かれた柳の枝のように風流を知り物腰柔らかだ」という意味なんですが、北の方に行けば、咸鏡道は「泥田闘狗」、これは「泥田で喧嘩する犬のように激しく荒い気性だ」ということなんです。朝鮮半島を8つの道に分けて、地域特性を言い表しています。

韓国にもいる「九州男児」？　137

表1 朝鮮八道（八道四字評＊）

京畿道（ソウル（京）と宮殿から500里以内の（畿）の土地）
鏡中美人　鏡に映る美人のように優雅で端正だ。

咸鏡道（咸興と鏡城）
泥田闘狗　泥田で喧嘩する犬のように激しく荒い気性だ。

平安道（平壌と安州）
山林猛虎　林の中から出てきた虎のように荒々しい。

黄海道（黄州と海州）
春波投石　春風にそよぐ波に石を投げて起きる波紋のように優しい。

江原道（江陵と原州）
岩下老仏　岩の下にたたずむ年を重ねた仏のように穏やかだ。

忠清道（忠州と清州）
清風明月　清らかな風に明月を思わせ、爽やかで気高い。

全羅道（全州と羅州）
風前細柳　風に吹かれた柳の枝のように風流を知り物腰柔らかだ。

慶尚道（慶州と尚州）
泰山峻嶺　大きな山や険しい峠のように木訥で動じない。

（表作成：林史樹）

金　面白い資料ですね。地域についてのイメージが昔から構築されてきた証でしょう。もう少し事例を出すと、一般的に食べ物がおいしいのは全羅道と言われます。例えば、全羅北道の中心都市である全州（チョンジュ）では、どの食堂に入っても美味と言われます。忠清道の人はゆっくり喋るというお話もありましたが、話し方が気長

＊ 咸鏡道の泥田闘狗については、鄭道伝がそう評したところ、咸鏡道出身の李成桂が顔色を変えたことで「石田耕牛」に言い換えたとも言われるほか、黄海道の人々を評する4字として用いられたりもする。また、慶尚道の人々を「松竹大節」と評することもある。

138　第5章　地域から韓国を探る

で物事を直接に言わず、言い回しが多いということも特徴です。こんなジョークもあるんですね。美容室でシャンプーをしてもらう時に、お湯が熱すぎると、忠清道の人は「おっと、どこかでチキンを揚げているんだな」と文句をつける。それでは遠まわしすぎてわかりませんよね（笑）。

林 地域差について私もエッセイに書いたことがあるんですが、調査でサーカスに入って切符のもぎりをしていた時に、慶尚道と全羅道では客の行動が異なることがありました。慶尚道では、1人3500ウォンの入場料で3人が来た時に1万500ウォンと言えば、すんなりと普通に払って入ってくれるんですが、全羅道に行ったら、「今、ちょうど500ウォンがないから1万ウォンにしてよ」とか言いながら、500ウォンを値切ってこようとするんですよね。全羅道の方言で（笑）。

それを金銭的にがめついと捉える人もいるかもしれないですが、たぶんそんな感覚ではなくて、1つのコミュニケーションと捉えるのが適当でないかと思うわけです。もちろん、「うまくいけば儲けもの」という感覚もあるでしょうが、決してそれだけではなく、そこでのやり取りを楽しむわけです。今はもう昔ほどではないにしても、私の知人でも、全羅道に対して強く偏見を持っています。あいつらはやはり信用できないなどと露骨に言いますよね。でも、そうではなく、気の利いたことが言える相手なのか、コミュニケーションを楽しめる相手なのか、そこで試しているんだと思います。そのつながりをプツンと切ることもできるでしょうが、全羅道の人たちが求めていたのはたぶんコミュニケーションではないかと思うんです。

両班文化はなぜ南部に色濃い？

──南の方では「伝統や両班文化が強い」ということなんですが、両班文化について説明していただけますか (S)。

林 高麗時代、朝鮮時代には、両班という特権的な身分階層があったんです。本来は官職に就いた人々に用いたんですが、いわゆる支配層の人々とい

えばよいでしょうか。そのような特権的な階層にいる人々の行動規範は儒教的で、祭祀を大事にしたり、あるいは親を大事にしたり、そこにつながってくるんですが、それが忠清道とか慶尚道とか、今で言う南、つまり韓国の方で色濃く残っているというのは確かだと思います【写真19】。

　両班であれば、ゆったりと歩くのが望ましいとか、礼儀正しい作法を守らないといけないとか、あれこれルールがついてまわるんですけれども、そのような縛りが強く残っている地域が南の方だということです。

——日本だと京都は伝統的な街で、それは都があった時代が長いという理由があると思うんですが、韓国の南部に伝統的文化が残っているのは何か理由があるんでしょうか（K）。

金　おそらく韓国の歴史的な事情と関係があるでしょう。15世紀に儒教思想に基づいて朝鮮王朝が成立しますが、その時に都にしたのはソウル（当時は漢陽）です。林先生がご指摘されたように、その時の主な支配階級が両班ですが、その両班文化の中心地が、慶尚道の安東だったんですね。今韓国の伝統文化と思われる多くの特徴は、この両班文化なのだと思います。

　そもそも両班という制度は、朝鮮以前の高麗時代に成立したものです。この高麗王朝の中心地は、現在の北朝鮮の開城という地方です。朝鮮王朝は、高麗王朝に対する易姓革命、言い換えれば、クーデターで立ち上がったわけで、権力・支配体制を築く時は、北の出身者を意図的に排除していたと言われます。その結果、朝鮮時代の支配層は主に南出身の人材で、両班文化というものも、南の方に残ったのだと思います。

林　金先生がおっしゃったようなこととも重なりますが、まず1つは漢陽の位置も大きかったように思われます。そこが600年間、中心地であり続けたことです。あともう1つは、儒教で大きな学派として知られる嶺南学派、畿湖学派もまた、今日の南に位置します。嶺南地方の中でも、由緒ある家柄が集まっている安東にある陶山書院は、指折りの学問機関としてあまりにも有名で、嶺南学派の鼻祖李退溪といえば、朝鮮のみならず、東アジアに影響を及ぼした儒学者として知られ、韓国の紙幣の肖像画にも登場する人物です。漢陽を中心する畿内か

写真19　祖先祭祀の風景。大邱市内で行われた丹陽禹氏門中の時祭（1998年11月、林史樹撮影）。

ら忠清道にかかる畿湖地方は、同様に紙幣の肖像画として登場する李栗谷を祖とする畿湖学派の影響を受けています。

　偶然、38度線を基準に軍事境界線が引かれたわけですけれども、そのようなことを考えた時には、現在の韓国の方に伝統を重んじる家柄が多かったというのは、必然的であったと言えなくないのかもしれません。

金　思想の中心は慶尚道ですけど、芸術や風流が花咲いたのは全羅道と言います。そういった意味からは、歴史的に権力の中心がソウルだったのは確かですが、それぞれの地方にはそれなりの歴史的アイデンティティとプライドが存在するという言い方ができると思うんです。

林　確かにパンソリ*なども中心は全羅道で、先の「風前細柳」につながる見方ができます。あと、韓国でよく言われたように、やはり「人はソウルに送れ、

＊　朝鮮の伝統的民俗芸能。歌と太鼓により物語風に歌われる。ユネスコの無形文化遺産に登録されている。

両班文化はなぜ南部に色濃い？　141

馬は済州に送れ」ですよね。ソウルは揺るぎない中心に思えます。

金 両班制度が支配階級を維持する手段であり、その制度を儒教という思想がしっかり支えていたということは間違いないでしょう。例えば、儒教の思想を実践する両班の家系では、長男は都に行かず田舎の故郷に残って家をしっかり守ることが理想とされます。出世を目指して中央政府に行くのは次男かその下なんですよ。王への忠誠と親へ孝行を同じレベルに置く儒教の思想が働いているのです。だから、都で勤めて国に奉仕した後は、故郷に帰って、再び学問を磨くというのが、朝鮮時代の両班の歩むべき理想だったんですね。

林 両班は時代によって定義が変わってくるんですよ。宮嶋博史さんが『両班 李朝社会の特権階層』（中公新書、2013年）という著作を出していて、これは韓国でも翻訳されて評価されたんですね。宮嶋さんは東大の東洋文化研究所にいて、その後、韓国の成均館大学校の方に移っていきます。両班を狭義で捉えると官職で、科挙試験に合格してこそ両班だったんですよ。ところがそれが両班を輩出する家門を示す言葉に変わってきて、そのうち科挙制度がなくなると、今度、礼儀正しい紳士的な人を両班と呼ぶようになりました。さらに時代が下ると、奥さんが自分の旦那に対して「うちの両班は」みたいな言い方になってくる。最後の方には喧嘩相手に「この両班が」と、日本語でいう「貴様」とか「お前」に近い言葉へと変わってきます。

金 今はまったく違う意味ですよね。全然肯定的な呼び名じゃない。そのように支配層を揶揄したり、冷やかしたりすることも、どこか韓国的というか（笑）。

車社会なのに？　車社会だから？

——ソウルの地下鉄の混み具合が尋常ではなく、座席を取り外した車両を作ったという実証実験が行われたと聞きました (K)。

金 出勤時の地下鉄の混み具合で言えば、日韓にあまり違いがないと感じました。

142　第5章　地域から韓国を探る

ただ、通勤以外の交通手段からすると、韓国は圧倒的に車社会です。通勤や通学には地下鉄やバスも多いでしょうが、買い物や家族のレジャーの時はマイカーでという人も多いんです。というのも、日本に比べれば、車が乗りやすいんですよ。渋滞がひどいのは確かなんですが、道路は広いですし、駐車場も多い。バレットパーキング*のサービスを提供するカフェやレストランも結構ある。駐車代も東京に比べると1/5ぐらいの感覚ですかね。いろんな意味で楽なんです。

　日本に住む期間の半分ぐらいは電車で、あとの半分ぐらいは車生活だったんですが、日本ではやっぱり都心に出かける時に車というオプションは無いんですね。お酒を飲むから車はNGという時もあるんですが、そうでなくても駐車場がない、駐車代が高すぎて手がでない。韓国の場合は、飲み会にも車で行って、帰りの時は運転代行サービスを利用する手もあります。

林　皆さん車を使うから、一時期、ソウルの交通渋滞が解決できたら大統領になれるみたいなジョークがありましたけど。

金　間違いなくなれますね（笑）。

林　お話を聞いていて、韓国はまず車で動くことを前提に、対処法として都市では駐車場を増やしたりとか、地方ではバンバン新しい道路を造ったりするんですよね。私なんかも調査で1年の滞在中に感じたことがあります。大田（テジョン）から錦山（クムサン）に行くのに、1本旧道が通っていたんですが、新しい道を作って、さらにまた高速道路まで作ったんです。こんなに何本も通す必要があるのかっていうほど、新しい道路を作っていく。車を中心としたインフラ整備というのが土台にあるのかなと。ただ、都市部でインフラが限られているような場所では渋滞が生じるので、番号制と言って、車のナンバーの末尾で運転を制限する制度もとられた。車のナンバーの末尾で偶数の車しか走れないとか、奇数の車だけとかの2部制にしたり、1と6だけとか2と7だけなど5部制にしたり。ひどいところは10部制にするなど、さまざまなことをしましたよね。南山タワーの下のトンネルなんかでも、1人

---

* Valet Parkingとは、ホテルやレストランなどで、入り口や玄関で係員に車を預け、駐車を任せること。駐車場が遠かったり、ホテルなどでは大きなスーツケースやカートを入り口で出し入れができるので便利。海外ではよく見られるサービス。

車社会なのに?　車社会だから?　143

で運転していたら料金を取るけど、3人以上で乗っていたら無料とか、いろいろ試した。

　最近は公共交通機関を利用しましょうみたいなキャンペーンを行って、地下鉄も路線を増やしたりとか、バスも専用レーンを設けたりしています。あくまで車を中心として、他の代替交通手段として地下鉄を整備したりしていると思います。

金　車のナンバーの末尾で日にちや曜日ごとに運行を制限する制度は、確かに今でもやっています。その制度をずっと導入している政府機関や公共機関があり、渋滞や大気汚染がひどくなる時には、一般市民対象でも一時的に実施されたりします。そのおかげではないでしょうが、最近は車より地下鉄やバスが便利だからと、好んで利用する人々も増えている気がします。

　特に最近のトレンドとして注目したいのは、車をシェアするプラットフォームが結構人気ということです。最近できた車のシェア・プラットフォームはレンタカーよりずいぶん使いやすいと言います。スマホで予約できますし、レンタカーサービスとは違って時間単位の短期利用も可能ですし。

林　そう言えば数年前に公州に行った時にびっくりしたのは、バスターミナル前に自転車のシェアサービスがあったことです。韓国でも自転車のシェアサービスが結構あるんですね。

金　確かに自転車のシェアも増えました。

林　これは私の偏見だったかもしれないけれど、韓国で商売をしている人は配達で自転車に乗るんですけど、一般人はあまり乗らない、特に女性は乗らないというイメージがあったんですが、今は自転車のシェアサービスがあるし、ソウルでも自転車専用道路を見かけました。それはここ最近の変化かなというふうに思います。

金　手続きもスマホで簡単に済む。いちいち店舗に行って車を引き取る必要もない。自分の居場所から近い引取ポイントで車をピックアップすれば良い。モバイルを器用に使いこなす世代にとっては、スマホですべてのプロセスが手のひらでパパッとできるので便利なわけです。さらに、若い人々は何かをシェアするということにあまり抵抗がないんですね。韓国では「共有経済」という新しいビジネス・

モデルが注目されています。ネットを介した物々交換や中古品の取引もとても人気ですからね。

　話が戻りますが、車社会なのに、なのか、車社会だから、なのかわかりませんが、韓国は運転が荒いんですよ。私は韓国と日本で10年以上車生活をしていたので比較できますが、韓国では急にスピードを出したり、突然に車線変更したり、煽り運転もしばしば見られます。とりあえず、私は韓国の荒い運転に慣れていますから、世界どこでも運転できるぞと、自信満々なんです（笑）。運転のマナーは、韓国が日本に学ぶべきと思うんです。

林　これは時々話題になることですが、KTX（韓国高速鉄道）ができて移動の仕方がいくら変わったといっても、韓国で公共交通手段を用いて地方に行く時にはバスが中心です。だからソウルをハブにして、地方都市がいくつもぶら下がっているようなバスルートがたくさんでき上がっているわけです【写真20】。それでまた、中間都市、例えば大田であったり大邱であったり、それなりの中心都市から、また更に細かい田舎町に枝分かれをしていくわけですよね。ところが、細かく枝分かれをした、その町同士をつなぐ交通手段があまりなかったりするんですよ。

　となるとどうなるかといえば、田舎町同士で移動しようと思うと、中心都市を経由しないと行けなくなるんですよね。場合によってはソウルを経由していかないと、別の中心都市に行けないとか、別の地方都市に行けない。そういうこ

写真20　新安郡智島(チド)にあるバスターミナルの待合風景（2019年6月、林史樹撮影）。

車社会なのに？　車社会だから？　145

とが起きているんです。途中で鉄道駅を乗り換え乗り換えして田舎町にたどりつく。日本の交通網とは異なった動きをすることになります。

　地方同士の直接のアクセスはあまりよくなくて、地方と中心都市を結んでいくっていうのは、中央集権制に話を普遍化していいのかどうかわからないですけども、1つの韓国社会の特徴ということは言えると思います。

金　ソウル中心主義がいろんな側面で現れていますね。今の韓国社会が克服しなければいけない課題だと思います。

ソウルの終電がガラガラなのはなぜ？

金　韓国ってタクシー代が安いと思いませんか？

林　最近だいぶ上がりましたよね。

金　値上げしてもまだ安い方だと思うんです。例えば、東京では終電がめちゃくちゃ混みますよね。当初、酔っ払った人たちでいっぱいになった東京の終電にびっくりしてしまいました。実は、ソウルの終電はガラガラなんです。タクシー代が安いので遅い時間にはみんなタクシーに乗るんです。地下鉄よりは高いけど、サラリーマンとして手が出ないほどではないということでしょう。

──タクシーは本当に安いと思いますね (S)。

金　タクシー・アプリの利用も大衆的です。日本でもタクシー・アプリがありますが、コール費用を別に払わなければならないなど、少しハードルが高い。でも、韓国ではコールに別途費用がかからないですし、便利だからソウルでも地方でも大体使っている感じです。タクシーに乗ると、またそれがすごいんですよ。ダッシュボードに何台かのスマホやタブレットがずらりと並んで、アプリからのコールがひっきりなしに鳴る。運転手さんは、それらを上手に操作しながら、別のスマホで奥さんと通話している。タクシーの運転手さんは中高年男性が多いんですが、最新テクノロジーを使いこなしているんだなと感じます。

146　第5章　地域から韓国を探る

林 昔は韓国のタクシーは相乗りでしたからね。タクシーが近づいてきたら大きな声で行き先を叫ぶんですが、私なんか発音が悪いから、タクシーを捕まえるのが大変でした。外国人だし、発音が苦手だし。まだぼったくりとかがある時代でもありましたし。

金 それは大変だったでしょう。私も覚えています。深夜でタクシーを捕まえる時は、声を張って「タブル（따블=doubleの意）！」とか「タッタブル（따따블=doubledoubleの意だが、4倍ではなく3倍）！」とか叫んでいました。「タクシー代を2倍出すよ」「3倍出すよ」という意味なんですけど。でも、それはもう昔話ですよ。相乗りは完全に無くなりました。逆にアプリが無ければ捕まえられないことが問題です。昔のタクシーのような、荒いけど面白いというのは無くなりましたね。

林 確かに。あれはあれで苦労しましたけども、今思うと面白かったですよね。

金 私が新聞記者だった時代なのでだいぶ昔ですが、「世論を取材したければタクシー運転手さんと対話をしてみなさい」と先輩によく言われました。例えば選挙の時など、タクシー運転手さんと話をすれば、いろいろわかるんですよ。今の与党は駄目じゃないか、あの事件はひどいんじゃないか、あの政治家は割と良いことを言ったとか。運転手さん個人の意見だけでなく、乗客たちから聞いた話も伝えてくれるから、街の雰囲気をよく理解できるわけです。最近は、運転手さんとの対話が減ってちょっと寂しいなと思うんです。田舎では、タクシー運転手さんとの対話がまだ楽しめるんです。どこにおいしい店ができたとか、どこの奥さんが最近がんと診断されて大変だとか。

林 私も光州に行った時にタクシーに乗ったんですが、どこから来たんだみたいな話になり、運転手と政治の話になりましたよ。光州民主化運動の犠牲者たちが眠る望月洞まで行ったんですが、光州という土地柄、民主党に期待する話をずっとしかけてきて、文在寅の次は当時、忠清南道知事だった安熙正しかいないとか。景気の話などもよく聞いたりしますね。タクシーは景気に敏感ですから。全斗煥大統領の故郷の慶尚南道・陝川に行った時などは、全斗煥大統領に批判的な運転手で意外に思った経験もしました。

──かつては、観光客用の模範タクシーと普通のタクシーがあって、観光客は模

ソウルの終電がガラガラなのはなぜ？　147

範タクシーに乗れと言われていた時代がありましたが、今もあるんですか (S)。

金 あると思いますよ。ただ、最近はタクシーの種類が増えたので、以前よりは見かけなくなりましたね。

林 初乗りが3倍ぐらい違ったんじゃなかったでしょうか。かつて外国人へのぼったくりが問題になってできたはずです。リピーターを呼び込むことを考えた時には、適切な対応じゃないと評判を落とすからと、模範タクシーができたわけですよね。運転手が外国語の対応ができたりとかね。今あまり見ないですが、まだあるようですね。でも一般のタクシーでも、運転手の評価システムがあったりするので、みんなマナーがすごく良くなりましたよね。

地下鉄の混雑と他人との距離感

――地下鉄が混雑すると、他の人と体がくっつくわけですよね。西欧人だと、他人とあそこまで体を接しているというのはまったく慣れない感覚ではないでしょうか (S)。

金 確かに、東京やソウルの地下鉄も相当混雑しますので、他人と体をくっつけたまま乗らないといけない場合がありますね。日韓ともにラッシュアワー時の地下鉄の混み具合はすごいですから。

林 台湾の地下鉄は、たまに混んでいたけど、特に肌が触れ合うことに特別な忌避感はなかったと思います。

金 アジアの大都会で満員電車は、避けられない経験でしょうね。満員電車のような状況では、誰でも仕方なく他人との近すぎる距離感を我慢しなければなりません。ただし、他人との距離をなんとかコントロールできる状況では、文化的な異同が現れる時がありますね。例えば、バスを待って並んでいる人々がどの程度の距離を置いているか。そういう意味では、日本よりは韓国の方が距離感が近いですね。体がぶつかっていても平気な韓国人の振る舞いに、日本人はイライラするとか。

148 第5章 地域から韓国を探る

──待つ人たちの列の長さは、韓国の方が短いんですね (S)。

金　韓国では比較的に密集しますね。日本では可能な限り他人と距離を置きたがる傾向があると思うんです。

林　ただ、コロナが蔓延してからは日韓のみならず、世界的に他人との距離感を見直すことになったように思われますが。

飲み屋街は日本の匂い？

林　金先生に質問なんですが、日本で地下鉄や電車に乗った時、日本の匂いを感じたりしますか。あるいは飛行機を降りて、空港に足を踏み入れた瞬間とか。

金　あまり感じたことはないですね。

林　私が韓国に行った時に、地下鉄に乗ると、あれはキムチの匂いになるのか、独特の匂いを感じるんです。ただこの前、仁川国際空港から地下鉄5号線に乗った時に、その匂いがしなくて少し驚いたのですが。でも、5号線ではしなかったけど、2号線に乗ったら、ああこの匂いだと (笑)。すぐ慣れて、感じなくなるんですけど。

金　そういえば、母からはよく聞きました。海外に行くと、その国の臭いがするって。だから、私も初めて日本に来た時、何か感じるかもと期待したんですが、まったく感じなかったんですよ。日本ではあらゆるものが綺麗なので……。

林　清潔だからというものじゃないんでしょうけど、ひょっとしたらあまり刺激物を食べてないからなのでしょうか、よくわかりませんけど。それでも日本の匂いって何だろうと思った時に、醤油や納豆の匂いってどうなんでしょうか (笑)。逆に言うと匂わないのも寂しいものかもしれないですね。特徴がないということかもしれないし。

金　でも、飲み屋や繁華街では、独特の匂いがありますよ。日本居酒屋から海鮮物や甘酢の甘い匂いがするとか、焼き鳥屋から炭火で何かを焼いているおいしそうな匂いがするとか。あの匂いを嗅ぐと昼から飲みたくなりますよね (笑)。

K-POPや韓国ドラマの先を探ろう

——**日本も韓国も、海外の旅行先というと、互いの国が一番に挙がると思うんですが** (S)**。**

金 韓国では特に若者たちの間で、日本が大人気の旅行先ですよ。

林 円安ですしね。

金 それもあると思うんです。激安航空券があれば、済州島より日本旅行の方が安いみたいですね。

林 ゴルフ客も結構多いみたいですよ。前から宮崎あたりは割と韓国資本が入っているという話がありましたけど、宮崎でゴルフして帰った方が、済州島よりも安いと言います。

金 なるほど。そういえば、スキー場も日本の方が雪の質が良くて経済的という話も聞きました。でも安いからという理由ばかりではなく、日本文化についての関心が高まっているということが大きいでしょう。日韓ともに互いへの文化的好感度がずいぶん高いと思うんですよ。

　特に最近は、東京や大阪、ディズニーランドや富士山など、有名な観光地じゃなくて、田舎や人があまり行かないマニアックな場所を狙う観光客も増えたらしいです。ついこの前、テレビ局で働いている若い知人が日本旅行をしてきたというので訪問先を聞いたところ、梼原という名が出てびっくりしました。四国の小さい町ですが、そこの図書館の建物が素敵と聞いたから見に行ったと言うんです*。

　私もその図書館は知っていました。ちょうどその図書館のプログラムを企画した人から、プロジェクトについて聞いたことがあったんです。いつか訪れてみ

---

*　高知県西部の梼原町立図書館。通称「雲の上の図書館」。新国立競技場を設計した隈研吾の設計で、梼原産の木材をふんだんに使っている。靴を脱いで入館し、木の感触や香りを楽しめる。ボルダリング設備やカフェコーナーも併設されている。

たいなとは思っていましたけど、日本に知り合いがいるわけでもない韓国の知人がもう行ってきたというから驚いたんです。やはり今の時代は、日韓間で情報が行き来するのに壁がないと実感します。その知人のように、自分なりのテーマを持って日本のあちこちに足を運ぶ常連さんも多いですね。韓国の若い人にとって、日本あるいは日本文化が、大変興味深い探検対象になったことは間違いありません。

林 ただそういう人は、相当の日本フリークというか、日本についてよく知っている方であって、多くの韓国の若い世代の人たちは、そこまでの旅行の仕方はしないと思うんですが。

金 もちろんそこまで日本文化に関心を持つことは平均的なことではないです。ただし、以前と比べて日本文化を好む人々が増え、さらに、そのようなマニアックな旅行が広がりつつあるのも確かだと思います。よく考えれば、何らかの文化的好奇心のもとで日本旅行に出かけることは、最近の傾向というわけでもないですね。90年代後半に日本映画の「Love Letter」が韓国の若者の間に大変人気だったという話もありましたが、その撮影地として知られる北海道の小樽に旅行する人も多かった。アニメの聖地巡礼もずいぶん前からはやり出しましたし。

林 そのことを思うと、日本から韓国に向かう旅行に、多様性はあまり無いかもしれないですよね。でも、心理的距離感は相当近づいてきていると思います。円安でもまだ行きやすいし、魅力的です。ただその魅力的な行き先が、お洒落なインスタ映えするスイーツの店であったり、「推し」が所属する芸能事務所であったりします。タッカンマリを食べるために、地図が載っているガイドブックを片手に広蔵市場の店の前で列をなして並ぶわけです。もちろん、それは決して悪いわけではありません。旅行は誰かに迷惑をかけることなく、楽しめたらよいわけですし、そのようなコンテンツがたくさんある国家として魅力を感じるのも素敵なことです。ただ、すべてがソウル中心になっていて、そこから先の広がりというか、旅行者それぞれの楽しみ方が感じられない気がするんですよね。

　それに対して、今の金先生の話だったら、もう古いかもしれないけど小樽に行っ

てみましょうとか、有名な温泉に行ってみましょうと、非常にバリエーションが広い関心の持ち方ですよね。だから日本人はまだ、若い世代を含めて、韓国の多様な魅力というところまでは到達できていないのかもしれません。

金　おっしゃる通りです。確かに、日本の若者が好む韓国の観光アトラクションにはそれほどの多様性は無いかもしれません。K-POP、韓国ドラマなど、大衆関連の文化と食べ物くらいですかね。日本の場合は、伝統文化や食べ物ももちろんですけど、オタク文化だったり、温泉やテーマパークだったり、幅広い観光インフラがありますね。先の図書館もそうですけれども、小さな町の施設とはいえ、しっかり情報を発信しているところが素晴らしいと思います。

　そういう観点からは、韓国について興味を持つきっかけが限られるというか、やや偏っている感じもします。ほとんどの方がK-POPや韓国ドラマなどで韓国に興味を持ち始める。それは悪いことではないのですが、実はマスコミに映らない韓国の顔もありますからね。この対談本を読んで、さまざまなジャンルの旅行に挑戦する人が出たら嬉しいですね。ソーシャル・メディアにはいろんな情報がいつも溢れているから、幅広く調べたり、集めたりすることができますよね。それらをうまく活用すればきっと楽しくて有益な経験ができると思うんです。

1ヵ月ステイが人気

金　2010年代に入ってから韓国の若年層で流行している旅行は、長期間滞在しながら地域の文化をたっぷり味わうというものです。有名な観光地の景色はソーシャル・メディアや動画サイトなどでいくらでも見られますよね。だから単なる風景を見ることで人々は満足できない。普段はあまりできない体験や写真1枚で終わらない経験を求めていると思うんです。例えば、「ダナンで1ヵ月ステイ」というものが大変人気です。ベトナム中部にあるダナンという街で1ヵ月間滞在しながら、豊かな自然の中でゆっくりした日常を味わう。インドネシアのバリ島も、

長期滞在先で大人気と聞きましたが、知人の中には沖縄で1ヵ月を過ごしてきたという人もいました。

——旅行の仕方は、休暇の取り方にすごく関わってくると思うんですが、韓国ではまとまった期間のお休みを取ることは可能なんですか（K）。

金　一般的に長期休暇は取りにくいことにはなっています。ただ、韓国での働き方は昔よりだいぶ柔軟になりましたよ。数年間勤続したら何ヵ月間か安息休暇を提供するという大企業もありますし、比較的に自由なスケジュールで働くフリーランスも増えています。転職の間に長期間滞在型の旅行に出かける場合もあります。最近はネットを介する非対面の仕事も増えましたので、遠距離仕事の負担も軽減されました。「ギャップイヤー」（gap year）と言って、学業や仕事からしばらく離れて自分に自由を与えるという風潮もありますしね。

林　韓国社会の方が、そうした欧米のシステムをいち早く取り入れそうな気がしますよね。だいぶ前ですけど、私がハワイに行った時のホームステイ先も、「1ヵ月休みを取ってまたカナダに行こうか」とか話しているわけですよ。日本の企業風土にはあまりない感覚ですよね。そうしたものを取り入れるスピードが、日本は少し遅い気がしますね。

金　韓国の企業も柔軟性が欠けていると批判されますが、日本の企業文化はもっと硬いですよね。

2人のおすすめスポットは？

——多様な側面から韓国を経験する、理解するという意味で、先生方のおすすめ観光スポット、あるいは、観光ガイドに載ってないようなところはありますか（K）。

林　私は変わった場所しか行かないから……外国人労働者が多い場所とか、老人が高麗人参ばかり捌いているような場所とか（笑）。そういえば綺麗なところがあった。竹嶺という峠で、忠清北道・丹陽と慶尚北道・栄州との間にあり

2人のおすすめスポットは？　153

ますが、ちょうど夕暮れ時で、薄暗くなる中、峠の麓の方を見ると、家々の明かりがぽつぽつと見えるんですが、これが言葉に表せないくらい綺麗だったんですよね。たまたま旅の途中で見た風景だったんですけどね。ちなみに竹嶺は、鳥嶺と秋風嶺と合わせて嶺南地域（慶尚道）を形作っている峠とされます。

金　どうでしょう。私は特にここが良いというより、人類学者になったつもりで旅することを薦めたいです。林先生はよくご存知でしょうが、人類学者のフィールド・ワークは旅と似ています。知らない土地でいろんな経験を積み重ねつつ、文化の多様性とその意味を振り返る。特に、人類学者の得意なところは、フィールドを表面的に見るのではなく、人々の話をじっくり聞いてみたり、自らの文化との異同を一生懸命に考えたり、とりあえず、旺盛な探究精神を生かしながら物事の深い意味を真面目に探るということです。文化を探究するという意味で韓国は面白い探究先でしょう。

つまり、観光地として有名なソウルではなく、小都市を訪れてみるとか、ゲストハウスやユースホステルなどに泊まって他の旅行者と喋ってみるとか、ちょっとした冒険に出てみたらどうかなと思うんです。今は、韓国の若い人も日本、日本文化についてすごく興味があるので、きっと話し合いやすいはずです。

林　やはりそこで人と話したり、観察したりというのは重要だと私も思いますし、先ほどの夕焼けの風景じゃないですが、自分だけの風景探しは、時に何かインスピレーションを与えてくれるように思います。

観光地で1つ印象に残っている場所に、扶余の宮南池があります。観光客も誰もいないところで池をボーッと眺めながら、昔の百済の王様もこんな風景を見ていたんだろうかと思いを馳せることができる。そういうような場所の方が記憶に残っています。

私の場合は「昔からこんな感じなんですか?」「そうだよ」とか、出会った人と何気ない会話ができることで、なおさら記憶に残ったりしますね。

金　やはりソウルばかりではダメですよね。ソウルはとりあえず、人が冷たい（笑）。

林　急にソウル批判ですか（笑）。他に推薦する場所はどうですか。

金　個人的に好きなところは、青松ですね。

林　青松は行ったことないですね。

金　自然環境が優れた観光地で、確かユネスコに登録された世界地質公園 (ユネスコ世界ジオパーク) にも選ばれていますね。トレッキングや山登りのコースがとても良くて。

　食べ歩きが好きな人には、釜山を薦めます。最近韓国では地酒もはやっていますので、マッコリ旅もありそうです。いや、細かいところを言ったらキリがないんです。とりあえず、それぞれの興味のあるテーマを持ってソウル以外のところへ行ってみるのが面白いということにしておきましょう。

食のコラム④
ストリートフードの韓国、居酒屋の日本

——日本と韓国はずいぶん互いの食べ物を取り入れていますよね(S)。

金　日本ではちゃんとしたレストランは多いんですが、屋台やストリートフードが少ない気がしますが、いかがでしょう。

林　食べ歩きの習慣がそこまでないんでしょうかね。

金　今、日本の若者たちに人気な韓国の食べ物は、ちょっとストリートフード系かなと思います。チーズハットグとかチーズタッカルビなどのメニューは、韓国の上の世代はあまり好まないんです。

林　ご存じの通り、チーズに関しては韓国で広く受け入れられるようになるのは最近のことです。チーズタッカルビなどは象徴的ですが、2010年代以降ですね。チーズとか乳製品の消費量ははるかに日本の方が多いんです。外食文化が盛んになってきましたから、ピザも80年代ぐらいから入ってくるんですけど、ただ韓国の人たちが好んでチーズを食べるかと言ったらそうではなくて、近年に導入されたと考えると、世代差があるのは当然です。

金　そんなメニューは、韓国の食べ物というより、若者の食べ物と言った方が良いかもしれませんね。ところで、韓国では、若者向けのメニューや安い食べ物屋が比較的多いと思いますよ。

林　日本だとコンビニのスイーツは若い世代に好まれていますが、金先生がおっしゃった通り、屋台は韓国でよく見かけますし、食べ歩きとかテイクアウトは韓国の方が盛んだと思います。それが最近だけのことかどうかはわからないですが。

金　韓国では、若い人たちが外食文化を先頭で引っ張っているという感覚がありますね。例えばトッポッキは、今は全世代が大好きですけど、昔は屋台の食べ物だったし、その後、カセットコンロを使ってその場で作って食べる「即席トッポッキ」というスタイルが定着しました【写真21】。

林　その辺は、町中で粉ものを中心とする軽食や間食を提供する粉食屋とも関係がありそうですね。1955年に、韓国とアメリカの間で余剰農産物協定が結ばれ、韓国に大量の小麦粉がアメリカから入ってきました。折からの食糧難に見舞われていたこともあり、韓国政府は粉食と混食を奨励していきます。それまでの豆ご飯や麦ご飯に加えて、麺類やパン類が韓国の夜食や間食として定着していきました。80年代とか90年代の学生は、そういった粉食に馴染んだと思います。安いし、そこら中にありますから。

写真21　韓国のストリート・フードの代表格であるトッポッキの屋台（2017年7月、金曠和撮影）。

金　80年代に屋台でよく食べていました。小学校時代は屋台で買って、歩きながら食べていたし。

──屋台は何軒か集まって出ているんですか(S)。

林　金先生が買って食べたという屋台は、日本でいう駄菓子屋的な雰囲気の屋台・粉食屋でしょうが、（韓国式）おでんやたい焼き、トッポッキなどを専門とする屋台などは道沿いに2、3軒、店舗が並ぶ時もあるし、市場に集まっているところもあります【写真21】。

金　そういえば、日本の居酒屋みたいに、お酒がメインでそれに添える形でおつまみ系のメニューをたくさん備えている飲み屋は、韓国では少ないですね。日本は、居酒屋に行けば、刺身もあればキムチもあれば揚げ物もある、そばやうどん、ピザさえ用意されている店もありますね。そういう便利な飲み屋はないん

です。韓国でも最近は「イザカヤ」という名称で日本酒と和食系の食べ物を出す新しいタイプのお店が増えていますが。

――では、どこでお酒を飲むんですか(K)。

金　中華とか焼き肉屋【写真22】とか、それぞれの料理店でお酒を出すんです。だから、まずその日の食べたい料理を決めて、その店に行って飲む。1軒目では食事中心で、お酒は添え物。それから2軒目はビールがメインの大衆酒場 *に行くというパターンですね。

* 多くは「HOP」という看板がかけられた「ホープチプ」と呼ばれる、こぢんまりとしたビアホール。

写真22　鍾路路地裏（敦義洞(トニドン)）の酒のある夕景（2016年10月、林史樹撮影）。

第6章

韓国の若者たち
キーワードで見る新しい価値観

写真23　釜山の若者たちが集まる繁華街にある、日本語看板の飲み屋（2023年8月、金曉和撮影）。

若者にとって、お金の問題は頭の悩ませどころ。とりわけ恋人・友人同士となると金銭感覚の違いや算出割合、管理の方法などが重要な課題になってくるのではないでしょうか？　さらに、出会い方、付き合い方、そして結婚・非婚という選択肢の多様化の背景には、韓国の若者を取り巻く過酷な競争社会の実状が潜んでいると言います。
その他、新しさの先にあるレトロブームの考察などから、最終章では日韓の若者の連帯の可能性を探ります。

対等な付き合いの象徴「デート通帳」

——ジェンダー問題を語る時、大所高所の議論がある一方、現実の生活の中では、例えばカップルがデートする時の費用の割合などがホットなテーマだそうですね(P66)(S)。

金 男女同等に仕事する時代ですし、ジェンダーについての社会認識もだいぶ変わってきたと思うんです。だから、男性だから出すということではなく、財布事情によって出したり、ダッチペイにしたり。最近は、恋人同士でデート費用のために共同の銀行口座を作るトレンドもあるそうです。「デート通帳」と言いますが、共通の通帳を作って一定金額を定期的に入金しつつ、デート費用に充てるという。

——「デート通帳」……日本では聞いたことがないですね(S)。

金 韓国の若い恋人間ではよくある話です。スマホのアプリで共通通帳が簡単に作れますし、お金の出入りを互いに見ることができますので、その利点に乗っかってのことでしょう。使い方はいろいろのようですが、男女同じ金額を出し合う場合、収入によって違う金額にする場合、結婚向けに資金を貯めることを目指す場合など。

林 この話を聞くと、「契」(日本でいう頼母子講)のシステムを思い浮かべますね。本来は、数人のメンバーで一定の金額を出し合って、まとまった金額が必要な人から順に集まった資金を使っていくのですが、毎年、出し合う金額を少しずつ上げていくことで、最後に資金を手にする人は利子分ではないですが、それだけ大きな金額が手に入るという仕組みです。これを応用して、一時期、気の合った女子学生たちがメンバーを募って一定金額を貯蓄していって、そして、そこから毎回会合の際の食事代に当てたり、メンバーの中で結婚したメンバーがいればご祝儀をいくら、出産した人がいればご祝儀をいくらと決めて出したりすることもありました。まさに、そのシステムが反映されているようにも思われます。

——韓国っぽいですね。でもデート通帳を作れるような間柄は一定程度、仲の良い者同士ってことですよね (S)。

金　必ずしも結婚を念頭に置いているわけでもないと思うんです。デート通帳は、デートの時に男女が対等に付き合う、平等に負担し合うという新しい考え方の象徴と捉えています。

林　確かに、それ以前の韓国社会の流れでいえば、全額を男性側が支払って当然という風潮があったわけで、そのことを考えると金先生のおっしゃるような男女が対等で平等であるという新しい考えの萌芽と言えます。ただ、それが韓国の既存のシステム（契）を改変してできたところに、私などは面白さを感じてしまいます。これまでの女性同士の枠組みを超えて、男女の枠組みにまで応用されていったという……。

——付き合っているという段階でそこまでいくんですね。でも少なくとも、「二代男」たちにしてみれば、「そんなものを作れるか！」っていう感じじゃないですか。必ずしも男女同額じゃないにしても、フェミニズムに意識が高い人たちの間の営為ですよね (S)。

金　どうでしょう。デート通帳は、フェミニズムよりは、実用主義と結びついた風習として理解しています。「デート通帳を作る」というのは、同等に金を出し合って賢い消費に努めるという意味でもあり、さらに、お付き合いに真剣であるという宣言ではないでしょうか。

　それでもまだ男性が払うべきであるという見方も依然としてあるようです。昔ほどではないにしても、デートの時にプレッシャーを感じる男性はいます。いずれにせよ、以前のように男性が出して当然という考え方はもはや通じないと思います。

162　第6章　韓国の若者たち

カジュアルな出会い方「ソゲッティング」

——男性と女性の出会い方の1つで、ソゲッティングというのがあるそうですね (S)。

金　ソゲッティングとは、知らない男女が初めて会ってデートすることを言います。ソゲッティングの「ソゲ」というのは韓国語で「紹介」を意味します。「ティング」とは「ミーティング」の略ですが、韓国語でミーティングには「合コン」という意味もあります。つまり、誰かの紹介を通じて成立したデートを「ソゲッティング」と言います。まあ、言い換えれば、韓国式のブラインド・デートと言えますね。

　ソゲッティングは、韓国の若者の間では非常に日常的に行われる慣行です。周りによく合いそうな男女2人がそれぞれシングルだったら、頼まれなくても積極的にソゲッティングで会わせてあげます。実際にソゲッティングで出会い、結婚まで至ったというカップルが周りにも大変多いんです。

林　日本の場合、合コンになるのでしょうが、ソゲッティングのように1対1ではないですね。合コンは決まった相手を誘いたい場合も、サクラを参加させるなどして、まずは複数対複数という形をとりますね。「直球勝負」を避けているという見方もできますが、そのプロセスを楽しんでいると言えるかもしれません。リーダー役に盛り上げ役、調整役など、知らないうちに役割分担ができ、ある意味でゲーム感覚が入っているというか。例えば韓国の場合であれば、みんながリーダーに名乗り出て分担も何もない。もちろん役割分担する必要もないといった感じでしょうか。

金　男女人数を合わせて食事会をするという若者文化ですね。でもおっしゃる通り、そういう集まりはみんなで遊ぶという感覚があり、ロマンチックな関係に発展しにくい。それでソゲッティングというものが出てきたのだと思うんです。

　ケータイがなかった昔のソゲッティングは、決まった時間、決まった場所で相手を見つける、言葉通りのブラインド・デートだったんですが、最近は、チャットアプリで連絡先を交換させることで紹介を済ませるんだそうですね。紹介され

た2人は、チャットアプリで挨拶を交わしてから、メッセージのやり取りをしたり、あらかじめ写真を送り合ったりしながら、初デートを一緒に計画していく。その過程で、合わないということがわかって初デートも不発になる場合ももちろんあります。

林 現実空間を使わない出会いという意味では、以前の韓国でいえば、「アイラブスクール」*など、学校の同窓生のつながりで人と出会い、時に恋愛、結婚に結びつくことがありましたが、今は、そのような地域や学閥といったバックを介さないでつながるようになったと見ることができるかもしれません。日本でも、大学の仲間であったり、会社の社員であったり、バックや紹介で男女が出会ったわけですが、マッチングアプリやチャットアプリになると、バックがない、あるいは信用してよいかわからないわけで、それでも出会えるようになったのが変化と言えるかもしれません。マッチングアプリでも結婚という目標があってこそ、この際「バックは不問」となってきているのかもしれません。

――**ソゲッティングの時に間に立つ人というのは、日本のお見合いみたいにある程度年齢のいった人が釣り書きをたくさん集めていて、という感じですか** (S)。

金 お見合いは基本的に結婚を前提にしますので、2人の条件を合わせるなど、真剣なやり取りが行われますね。それと違ってソゲッティングはいたってカジュアルな感じです。互いに知らない男女の友達を「会ってみたら?」的な軽い感じで紹介してあげます。だから、うまくいかなくてもあまり負担はない。一発デートで終わっても、誰も文句は言わないんです。紹介者に「なんであんな人を私に紹介したの?」と文句をつけることはあるかもしれませんが(笑)。知り合いの結婚式で新郎や新婦の友達を見て「あの子とソゲッティングしたい」と指名することもあります。

――**日本でもよくあるケースですね** (S)。

金 友達の結婚式をきっかけに付き合うというのは日本でも見かけますが、ソゲッ

---

* 「アイラブスクール (I love school)」とは、2000年代初頭、韓国で大人気だったオンライン・コミュニティ。小学校の卒業年度でグループに加入できる仕組みが大変話題を集め、このプラットフォームで再会した小学校の同窓同士が恋愛、結婚に至るケースが多かった。

ティングという仕組みがそのような出会いをやりやすくしてくれますね。日本では友達に「恋愛前提でデート相手を探してくれ」というふうには、普通頼めませんよね。

林 面白いのはIT大国の韓国で、そこだけアナログになるんですね。韓国の方がマッチングアプリとかを使ってそうですが、やっぱり人と人のつながりを大事にしていますね。

金 確かに、出会いではアナログを求めますね。韓国でマッチングアプリは、どちらかというと真剣なお付き合いではなく、ナンパというか、わりと軽いイメージですね。

——**結婚式でソゲッティングした人が仲人役を務めるというのはあるんですか** (S)。

金 それはないですね。ソゲッティングが必ずしも結婚を前提に行われるわけでもないですし、結婚に至ったとしても韓国では日本のように仲人役が結婚式で役割を務めることはないんです。

林 韓国の人間関係は、相談を持ちかけられたら友達の友達の友達までもつなぐという話をしましたが (P115)、同じことですね。

金 ソゲッティングで出会って付き合った2人が喧嘩した時には、まずソゲッティングの仲介をした知人に相談できますね。それで仲直りする場合もある。ただ、結局別れたとしても、仲介者は両方との友達関係は続けられます。結局、ソゲッティングというのは、一面を見れば、マッチングアプリのように恋人を見つける仕組みと言えますが、別の側面を見ると、人間関係をどんどんつなげ、新しい関係性を築いていく方法でもあります。人間関係がちょっと複雑に入り込みすぎて大変な場合もありますが、こういう仕組みを介して社会的ネットワークが広がっていくことは面白いと思うんです。

　そういえば、ソゲッティングで結婚したら、そのカップルは仲介した知人に贈り物をするという習慣もできつつあるようです。例えば、仲介者が女性の場合はバッグ、男性の場合はスーツとか。

林 金先生はもらったことあるんですか。

金 私はソゲッティングの仲介者としては失格です。カップルの成立率が低いん

カジュアルな出会い方「ソゲッティング」　165

です。実はうまくいったケースが1つもない（笑）。

林　私の韓国の知人の範囲では、意外と友人の妹とソゲッティングで結婚したっていうケースがあるんです。人間関係の延長線上のつながりで、相手を見つけるということですね。

韓国の若者の過酷な現実「N放世代」

金　韓国の若者たちの間に「私たちは「N放世代」だ」という自嘲的なセリフがはやっています。最初は、恋愛、結婚、出産の3つを放棄した（実際には諦めなければならなくなった）ということで「三放世代」という言葉が生まれたんですが、後に、その3つに加えて就職とマイホームも諦めたという「五放世代」。さらに、人間関係と夢まで諦めたという「七放世代」という具合にどんどん展開されていったんです。

──韓国の若者が置かれた過酷な状況を象徴するような言葉ですね (S)。

林　日韓ともに恋愛に無関心な傾向が指摘されますが、日本が韓国と異なるのは、経済的な要因のみならず、オタク文化の延長で、関心対象がアニメやCGなど二次元の女性に向かったことではないでしょうか。日本でも若者の就職難が問題になっていますが、その時に問題にされたのも「引きこもり」であり、現在では「子ども部屋おじさん」、「子ども部屋おばさん」です。彼ら彼女らも多くの夢を「放棄」したのでしょうが、その夢や欲すら表面にでてこない状態に思われます。その点、韓国はまだ具体的に結婚、就職、マイホームなどと欲が顕在化されており、恋愛についても積極的と捉えられるかもしれません。

金　韓国ではこの「N放世代」という言説を、日本の「さとり世代」と似通う意味として受け取る人が多いんです。物事にあまり意欲がなく、「どうせこんな感じじゃないか」と妙に達観した姿勢が似ているとか。

林　2011年に誕生したらしいですね。

166　第6章　韓国の若者たち

金 そうすると、李明博政権の時ですね。確かにその頃から、韓国で新自由主義的な考え方が強まりました。市場中心主義と自由競争を擁護する雰囲気の中で、個人の自己責任と自分管理がやたら強調された。自分の努力と実力で社会が求める人材にならなければならないというプレッシャーが強まるんです。その中で「どうせそんな人材にはなれないから」と諦めてしまう風潮も広がったんです。

林 ただ、若者が壁にぶち当たることを表す言葉としては、その前も「88万ウォン世代」*などがありましたよね。ただこれは別に放棄するとか諦めるわけじゃなくて、いわゆるワーキングプアのことですが。その後、ワーキングプアの若者はもう夢も捨てないといけない、結婚もできないじゃないかっていうふうな形で、三放世代という言葉が出てきて、それが五放、七放、N放とふくらんでいったように見えます。このような言葉の創作は、韓国の方が面白いかもしれませんね。

――特にN放世代というのは面白かったですね。数学的知識と関わるような (S)。

林 もう一方でこう考えた時に、全部の若者とは思わないですけども、ちょっと何か困難を目前にした時、「どうせ俺らは何もできないんだ」という萎縮してしまう傾向が見られるようにも思います。マスメディアの取上げ方に問題があるとも言えます。地価の高いソウルで、半地下住宅や貸し勉強部屋に住みながら、資格試験やスキルアップに励む若い世代が夢を諦めている姿がニュースに流れることがありました。韓国の人たちは逆境から立ち上がっていくパワーを持った人たちというイメージも強いだけに、そこで映し出されるN放世代はあまりにも無力に見えました。

ただ、近年はこの世代も過去のものになった気がします。苦境から立ち上がって、「改革娘」や「二代男」など、自己主張を始める元気な若者たちが見られるようになりました。加えて、それらの「闘争」に巻き込まれない、デート通帳を作るような世代も出てきています。決して悲観するような未来ではないように思われます（笑）。

---

* 1970年代終盤から1980年代中頃に生まれた世代。IMF経済危機の結果、雇用が激減し、大卒でも就職率が50%を切る事態も現れ、その平均収入が88万ウォン（約8万8000円）であることからこの名でくくられた。

金　そのN放世代のあとにMZ世代という言葉が定着しそうなんですが、それについてはもう少し見てから語ることにします。

社会の圧から逃れる積極性「非婚宣言」

金　最近の韓国の若い人の中には堂々と「非婚主義だ！」と宣言している人も増えていますよ。結婚式の代わりに「非婚式」をやる人もいるそうです。シングル・ウェディングとも言い、知人の前で結婚をしないと公式的に宣言するんです。特に若い女性で非婚主義を宣言する場合が多いとか。
──非婚宣言は、結婚に人生をかけないよという積極的な宣言なんですよね。男女別で言うと、どちらが多いんですか (S)。
金　やはり女性の方が多いですね。
──韓国の非婚に関するエッセイが近年日本でも数冊翻訳されていますが、著者は女性のYouTuberや女性のライターなどでした (K)。
金　そういう本が日本で読まれていることが興味深いです。日韓ともに結婚しないと大変なのは女性の方ですからね。未婚男性は「気の毒だね」って同情的に見られるんだけど、未婚女性は「どうして結婚しないの！」「なぜ努力しないの！」というふうに叱られる。だから「私は非婚主義だ」と宣言しちゃった方が楽と思うんでしょう。
林　韓国社会もだいぶ変化しましたけども、男性はまだ「氏族」（家門）を継承しなければという感覚が強いですよね。社会の雰囲気としても、男の子を望むところもある。女性の方は、なぜ苦労しないといけないのというような感覚になるのですが、金先生がおっしゃったように、女性に対しての風当たりが強いので、「私は主義として非婚なんです」とあらかじめ宣言しておくことによって、その風当たりを避けるっていうのがありますよね。
──非婚ということにマイナスイメージはないということでしょうか (S)。

168　第6章　韓国の若者たち

金　日本の「草食系男子」とか「干物女」という言葉には、多少否定的な
ニュアンスが入っているかもしれませんが、韓国でも昔は結婚しない女性を揶揄
する「老処女」という言葉がありました。それだけ女性にとって結婚が必須とさ
れ、結婚せずに歳をとった「老処女」は性格が悪いとか、神経質だとか、と
にかく悪いイメージが付けられていたんです。今やもうそのような考え方は薄れま
したし、結婚や育児より仕事や自由な生活を選ぶ女性も増えました。非婚宣言
というのは、結婚しないと一人前になれないという昔の考え方に対する、若者
たちの抵抗なのだと思います。

林　それこそ『82年生まれ、キム・ジヨン』で描かれたような、社会に対する
女性からの反発が、こういうところに表れているんじゃないでしょうか。

金　韓国の女性たちが持続的に声を上げた成果の1つが、戸籍制度の廃止*
だったと思いますよ。戸籍制度がまだ残っているのは日本と台湾ぐらいなんです
よ。韓国はそもそも夫婦別姓ですが、逆に日本に夫婦同姓を義務化する制度
があると知ったら、韓国の女性はびっくりしますね。ただし、ジェンダー間のせ
めぎ合いが激しいので、非婚宣言をする女性に対して「（ネガティブな意味で）あ
なたはフェミニストだ！」と非難する保守的な男性もいますね。

林　韓国はそうですよね。ただ、別姓については、社会的風潮に慣らされてし
まっているのか、韓国や中国は別姓という話をすると、家族なんだから一緒の
姓が良いという女子学生が意外と多いんですよ。好きな人と同じ姓が良いと（笑）。
あと、韓国でフェミニストといった時には、「女性のくせにしゃしゃり出て」みた
いなイメージが含まれているような気がするのですが、いかがでしょうか。

金　今の韓国でそんな露骨に女性を卑下すると、本当に大変ですよ（笑）。と
にかくジェンダーは敏感なテーマですから。だから若い男の子が違和感を覚え
るのもわからなくはない。男女共学の中高校では、成績のトップから10位くらい
まで女子生徒で占められるらしいです。上位に上がる男子生徒は少ない。自

＊　韓国では、戸籍制度が男女に対する固定観念を固着化し、女性に差別的な制度であると、2000年
代初頭に市民団体による「戸主制に関する憲法違反提請」が提出された。それに対して憲法裁判所は
戸籍制度の根幹の「戸主制」は憲法不合致であるという決定を下した。2008年には戸籍制度は廃止され、
夫婦を中心にした家族関係登録制度が発足した。

社会の圧から逃れる積極性「非婚宣言」　169

分を叱る人も、お母さんか女性の教師ですから、若い男性にとって女性は自分を抑圧する存在なんですね。しかも兵役も課されるし、差別されているのは自分たちなんだよという感覚がある。

——**それが女性に対する攻撃に向かってしまうのが残念ですね** (S)。

金 ええ、ただ、昔より女性対象の犯罪が報告されるのは確かだけど、女性に対する差別や攻撃を容認する雰囲気があるわけではないですよ。全般的に女性の社会的地位が高くなっていることは事実ですし、普通に街で見ても女性の声の方が大きいんです（笑）。

——**具体的にはどういう形で非婚を宣言するんですか** (S)。

金 簡単です。周りに堂々と言うんですね。私非婚だよ、非婚主義だよと。

——**友だちを集めて宣言するというような儀式があるわけじゃないんですね** (S)。

金 「非婚式」という会を催す人もいますね。ただ、そんなに一般的ではないです。

—— **SNS上に、私は非婚主義ですよっていうふうに書き込むことは** (S)。

金 SNSで明かす人も確かにいますが、普通ならば、家族や友達など周りの親しい人々にちゃんと表明したら十分じゃないでしょうか。例えば、ソゲッティングの時に、あらかじめ非婚主義だと伝えておいて、それでもOKという相手を紹介してもらうとか。つまり、非婚を宣言しても、恋愛も拒むというわけではありませんよ。

林 金先生のおっしゃるように、ことあるごとに公表するんだと思います。著名人であればインタビューを受けた時とか、自分で知らせる時はSNSやブログとかで、「私は非婚主義なんです」と言えば、それが拡散しますよね。一般人の場合もブログに書くこともあるでしょうし、ソゲッティングの話があった時に「実は非婚主義でね」と言えば、周囲から理解されるものだと思うんですが。

——**お父さんお母さんにしたら「うちの娘が非婚宣言なんかしちゃって」と嘆くようなことはないんですか** (S)。

金 どうでしょう。非婚を薦める親は少ないかもしれませんが、「必ず結婚しなさい」と強いる親も、今や少数派と言っていいんじゃないでしょうか。

林 母親世代には結婚生活によって苦労した世代がいて、自分が苦労したか

ら自由にしなさいという理解もあるでしょう。

金　そういえば、私も父に「あなたは、仕事が大好きなので必ず結婚する必要はないかもね」とか言われていました（笑）。

　実際に「非婚式」を挙げた知人はいないので、ちゃんと検証された情報ではないですが、「式」までやる背景の1つとして祝儀に関わる事情もあるようです。他人の結婚式でさんざん祝儀を出したのに、自分は結婚しないので祝儀をもらう機会がないのはアンフェアだというわけです。

林　なるほど、それはありそうですね。それこそ先ほど女性の友人同士で契を行うことがあると言いましたが、その契の仲間内で結婚したメンバーには、いくらか祝儀が出るのに、同じだけ金額を出している自分だけ、結婚しないという理由で祝儀がもらえないのは不公平感が出てくるでしょうから（笑）。

——韓国で年上の人がおごるという風習について、ある韓国人の方が説明してくれたんですが、自分が年下の時にはさんざんおごってもらっているんだから、年上になったらおごるのは自然なんだと。今のご祝儀の話は、やはり韓国社会の風習の文脈で理解するべきものなんだなと思いました（S）。

金　結婚式は、祝儀をやり取りするという互恵的な意味合いもありますからね。本当にそれで非婚式を行う人がどのくらいかわかりませんが、理屈としては十分あり得る話だと思います。

瞬間の幸福の追求「おまかせ」

金　最近韓国で若者の間に「おまかせ」がブームということはご存知でしょうか。日本で「おまかせ」と言えば、寿司屋の高いコース料理を浮かべる人が多いでしょうが。

——日本のおまかせと、どう違うんでしょうか（K）。

金　最初は日本の寿司屋の「おまかせ」が、高級食文化としてどんどん紹介さ

れて、はやっていたんです。特に若者の間に人気でした。すると、寿司屋だけじゃなくて、焼肉屋でも「おまかせ」、定食屋であっても「おまかせ」。いろんなジャンルで「おまかせ」が展開されてきました。

林 「おまかせ」を検索してみると、すでに2000年代初頭には韓国の新聞で取りあげられていて、2010年代から記事が増えていく傾向が見られます。特に江南あたりに出店した日本料理店で、思い切って「おまかせ」コースを頼んだら良かったといった内容が多く見られました。ちょうどこの頃に、オバマ大統領を相手にした安倍首相による「寿司外交」が注目されたことも多少は影響したようです。「おまかせ」がブームとして脚光を浴びてくるのはコロナ前後からで、インスタ映え目的が後押ししたとか、外出できなくなったためのささやかな贅沢として拡散したとか、それぞれに理由が語られるようですが、本格的には日本製品不買運動が過ぎ去ってからと言えます。学生・社会人を問わず、現代の若者たちが、少し背伸びをして、彼女を連れて「おまかせ」に行く姿は、一昔前なら洋食屋で見られたものですが、1回の食事代が20〜30万ウォン（2〜3万円）になるため、「おまかせで破産の危機」がブラックジョークになるようです。

——**日本の時価のように値段がわからないと怖い気がするんですよね。高めに料金を取られたりすることはないんですか** (S)**。**

金 値段は確かに高めなんです。だから、財布が薄い若者にこんなハイエンドな食文化が人気ということはやや不思議ですね。バイトで一生懸命お金を貯めて「おまかせ」で一晩でパーッと使い飛ばす。やはりアニバーサリーなど、特別な記念日の贅沢なチョイスとしての「おまかせ」です。お洒落な消費文化なんです。また最近は「イモかせ」という面白いメニューを出す店もあるんだとか。

林 「イモかせ」って何ですか。

金 韓国だとお店の女将さんを「イモ」と呼ぶ場合がありますね。イモとは母の姉妹の呼称ですが、女将さんを親戚みたいに親しく捉えて「イモー」と呼ぶのです。ちょっと庶民的な食堂や飲み屋でよく見かける風景ですね。つまり、「イモかせ」というのは「イモ」が出してくれる「おまかせ」という意味です。おまかせの人気に便乗したちょっとした言葉遊びですけど。「ウまかせ」なんていう

店もあるようです。この場合の「ウ」は牛のことですが。

　文化人類学者の間々田孝夫さんが提唱した「ゼロの消費文化」＊という概念があります。今の日本の若者たちの間には、消費を通じて物質的な豊かさより精神的、文化的価値を追求する風潮があると。例えば環境にやさしいものを求めるとか、フェアトレードだったら買っても良いとか、場合によっては消費をしないという反消費主義的な選択をするという話です。なぜそのような消費をするかといえば、ポケット事情が厳しかったり、将来のことが不安定だったりすることもあるけど、その中で、モノを所有することより、自分だけの価値、意味を追求することに満足感を求める傾向があると紹介したのです。

　ところが、その概念を韓国の大学生に紹介していたら、こんな質問が飛んできました。日韓の若者が将来に不安を感じたり、お金がなかったりすることは同じ。ところが、日本の若者たちが「ゼロの消費」を追求することに対して、韓国の若者たちは瞬間の幸福を追求して「おまかせ」に走る。その違いはなぜ生まれるのか、と聞くのです。私もうまく答えられなかったんですが。

林　いろいろな見方ができるんでしょうが、韓国では、その場その場をうまく楽しむ人が多いように思います。家庭教育か学校教育か（笑）、日本では「後顧の憂い」を気にしますよね。また儒教的な脈絡で説明することもあるのですが、金銭的なものについて執着を見せるのは、「君子」ではないという考えもあるように思います。見栄という部分もあるでしょうが、相手を喜ばせるのに、懐具合を気にするのは「大人（たいじん）」の振る舞いではないという……。

──将来のためにお金を貯めるという発想ではないんですね (S)。

金　ちゃんと貯蓄する人もいるとは思いますよ。ただ、日本みたいに大多数とは言えません。日本の若い人たちに「宝くじに当たったら何をしたい？」と聞いたことがありますが、みんな声を揃えて「貯金！」なんです。韓国だったら、ビットコインに投資をするとか、株を買うとか、あるいはスタートアップ企業を興すとか、そういう答えが出るところですけど、みんな100%「貯金！」というからびっくりでした。

＊ 文化人類学者の間々田孝夫が『21世紀の消費　無謀、絶望、そして希望』（ミネルヴァ書房、2016年）で紹介した概念。

——さらに投資して増やすというのはすごい発想だなと思いました（K）。

林　確かに韓国の人たちは投資や投機が好きですよね。このあたりの違いも面白いと思います。

日韓で同時多発の「ニュートロ」

——日本と韓国、ともにある種の文化的なリバイバルブームがあるというのも、面白いですね（S）。

金　昔のものが若者に愛されるという不思議な風潮ですよね。韓国でも、伝統文化だったり、過去の音楽やファッション、古いものだったりが、若年層に大変人気なんです。単に人気というよりは、そうした古い文化、過去の色を被せたものを、かっこいい、クールと再評価する風潮があります。レトロの新しい復活という意味で、「ニュー・レトロ」、略して「ニュートロ」とも言います。

　例えば、最近ソウルで最も「ヒップ」と言われる益善洞は、100年前に造成された古い街並みで、くたびれた小さい韓屋（韓国の伝統家屋）が立ち並ぶ粗末なエリアでした。そのエリアに、古い韓屋を改造したレストラン、カフェ、バーなどが次々とでき上がってきたんです【写真24、25】。昔の感覚では韓屋を改造したレストランといえば、韓国料理屋が定番ですが、益善洞の韓屋は和食屋だったり、ヒップホップのバーだったり、若者の間では最人気のトレンディーな店に変身します。隠れ家的なクラフトビヤ・パブでラッパーのDJパーティが開かれるとか。レトロな街並みの中で異質な文化が融合して新しい形になる面白いエリアです。

林　日本でも昭和レトロという言い方はよくしますね。音楽で言えば、韓国のポンチャクやトロットがそれにあたるでしょうか。演歌や懐メロは今も日本で一定の人気を持続していますよね。少し以前であれば、氷川きよしなどは大人気でした。一方、韓国も2019年の「ミス・トロット」や2020年からの「明日はミスター・トロット」のようなオーディション番組がきっかけとなったとする声もあります。このこ

写真24　古い韓屋を改造したお店が立ち並んでいるソウルの益善洞エリア（2024年7月、金曘和撮影）。

写真25　韓屋を改造した益善洞のカフェ（2023年10月、金曘和撮影）。

とは単に韓国の若い世代が、トロットを見直したことが大きく影響しただけとも言えますが、見直しや再発見という枠組みで捉えられる現象は、世界的な規模で起きているようにも感じられます。

金　確かにトロット風の音楽も一部の若者の間では愛されていますね。

――**でも、かたやアイドルのSEVENTEENが好きな人がいる。そういう若者はトロットを聞かないでしょう**（S）。

林　重なっているか重なっていないか。金先生、どうなんでしょう。

日韓で同時多発の「ニュートロ」　175

金　個人の嗜好としては多様性があると思うんですが、ただし、今の韓国の若い世代の中で、そうした昔の文化、色、モノがかっこいいものとして解釈される風潮は間違いありません【写真26】。例えば、20代でファッション好きの私の姪が80代の母のクローゼットの中を探り、「おばあさん、この服着ないならもらってもいい？」と聞くんです。母はびっくりですね。上の世代には、若い世代が田舎くさいものに熱狂する感覚が不思議でたまりませんが。

林　日本でも昭和のファッションなどが、下北沢とかで売られたりしますけど、韓国はどうですか。

金　韓国でも古着の街が注目されますよ。例えば、ソウル都心にある東廟エリアなんかも有名です。古着の露店が集まっている昔ながらの市場ですが、いわば「ファッション・ピープル」と呼ばれる人々がそこで古着をあさるという話をよく聞きますね。実際に行ってみると、汚くてまったく落ち着きがなく、売っているものもブランド品の古着じゃなく、田舎の人が着るようなムクムクな変な服ですよ。

写真26　ソウルにあるレトロな雰囲気の飲み屋（2024月6月、金暻和撮影）。

176　第6章　韓国の若者たち

私はきっとその「ニュートロ」トレンドに向いていないでしょう（笑）。

林 ハハハ、そう考えた時には、指向性としては、トロットに関心を持つ若い世代と、韓流のガールズグループ・ボーイズグループ推しの若い世代は、ある程度分かれているのかもしれません。東廟といえば、東大門市場のすぐ横ですからね。東大門市場はファッションの発信地で、その横に、金先生の言う「ムクムク」の古着市場が立つ。地下鉄を降りてこっちとあっちに分かれるわけですが、両方を行き来するのではないかもしれませんね。

金 確かにそうかもしれない。ただし、あの東廟というエリアを盛り上げたのはBIGBANGのリーダーであるG-DRAGONさんだったんですよ。彼の楽曲のプロモーション・ビデオがあそこで撮られたのです【写真27】。K-POPのスターたちは、ブランド品の広告に出るなど、大体高級品好きというイメージですよね。そういう人たちがこういう「田舎くさい」風潮に、最新でかっこいいというイメージを被らせ、盛り上げたという側面もあると思うんです。

林 なるほど、金先生の話を伺って思い出したのは、実はBTSが「八道江山」を方言で歌ってみたり*、SEVENTEENのメンバーもサプライズでトロットバージョンのアルバムを出してみたり、TWICEもテレビ番組でトロットを歌ったりしたことがあったようです。そう考えると、レトロの中に新しさを見出す、まさにニュートロなのかもしれません。

──日本でも80年代や90年代など、昔のファッションを取り入れたりすることがはやっているんですが、韓国で昔の文化を取り入れるという時には、その昔っぽさが大事なのか、特定の時代に対してのリスペクトがあってその時代を選んでいるのか、若い人はどうなんでしょうか。具体的な差異はわからなくても、ただ昔の何かというぐらいの曖昧なノスタルジックな感覚なんでしょうか。今のお話を聞いていると後者かなと思ったんですが (K)。

金 韓国の場合は、特定の時代に対するノスタルジアというよりは、田舎くさいとされていた韓国固有のもの、伝統的なものを再発見、再評価するという形

---

* 朝鮮時代に置かれた8つの行政地区になぞらえた言い方で、山河を含めた朝鮮半島全体を指す。この八道をテーマにBTSメンバーが出身地の方言でラップをする「八道江山」という曲がある。

写真27　K-POPスターのG-DRAGONがプロモーション・ビデオを撮影したことで有名になった東廟エリアの路地（2024年6月、金曜和撮影）。

なのだと思うんです。例えば、伝統的な民謡やパンソリなどをジャズやロックと融合させた、新しい感覚の音楽が注目を集めています。何年か前に海外の観光客向けに韓国の街や文化を知らせるPR映像が公開されました（「Feel the Rhythm of Korea」、韓国観光公社、2020年など）。韓国の伝統的な民謡のグルーヴに合わせてレトロな衣装を着たダンサーたちが韓国のあちこちを踊って回る映像ですが、田舎くさいけど、妙にお洒落な感覚がよく表現されていると思うんです。

林　BTSなんかもアリランをレパートリーで歌ってみたりしましたが、そのまま取り入れるのではなく、リズムを変えたり、切れのよいダンスと組み合わせたり、新感覚で組み替えていく、あるいは昔のものから面白いもの、お洒落に思えるものを再発見したわけですよね。

金　韓国の若者の間のニュートロ・ブームというのは、K-POPや大衆文化としっかりつながっている風潮だと思うんですよ。

林　素材は伝統的なものですけども、伝統そのままじゃなくて再アレンジですよね。伝統に対してのリスペクトと、アレンジすることで自分なりの発見を打ち出して「どう、これ結構いいでしょ」というのを提示している。そのような気がします。

金　だから、単なる「レトロ」じゃなく、「ニュー・レトロ」ですよね。

林　そう、ぜひ私たちも姪っ子さんのように、「自分にとってのニュートロ」を発掘していきたいものですね。

178　第6章　韓国の若者たち

金　今の若い人たちの柔軟性とクリエイティビティには脱帽です。古くて陳腐だったり、田舎くさかったりするものを、異質なものと合わせながら、クールな嗜好に展開させていく。私はこれを大衆文化的な現象として読んでいますが、なかなか興味深いんです。

『82年生まれ、キム・ジヨン』をめぐって

──日韓の若い人が連帯する道はあるんでしょうか (S)。

林　連帯と言っても、必ずしも同じ性質の者だけが連帯を組むのではなくて、連帯を組むことによって気付きが生まれるようなものだと思うんです。少なくとも、連帯の形は変わってくると思いますよ。従来のように日本人グループと韓国人グループが集まって、「はい、交流しましょう」ではないはずです。ネット上でのやり取りの中で2人が知り合って、片方がたまたま韓国人でもう片方がたまたま日本人だったと。そのようなつながりがたぶんこれからの主流になっていく。先に何かアイテムが飛び交っていて、「あなたもシティポップが好きなのね、私もシティポップが好きなんです」のような感じになってきそうですよね。

金　激しく同意します。日韓という国籍を挙げる前に、互いの共通点を見つけることが大事なんですね。日本人として、あるいは、韓国人として出会うと、歴史認識や国の建前に引きずられてしまいますね。国という概念を乗り越えられる共通の趣味や好み、悩みなどがあるはずです。林先生がおっしゃったように、好きな音楽だったり、好きな芸能人だったりというトピックも良いスタートでしょう。実は、日韓ともに若者たちは将来についての不安、閉塞感に囚われていますし、その意味では悩みや課題にも共通点が多いはずです。

林　衝撃的だったのがソウルにある仁憲高校で、高校生が教員に対して「政治偏向教育はやめてくれ、何か言ったらすぐそれは親日だと決めつけるような歴史教育はやめてくれ！」と抗議をした。相当勇気が必要だったと思うんですが、

ごく一部にせよ、そういう声が上がるというのは、韓国の若い世代もだいぶ変わってきたなと実感しました。これまでの「歴史上、日本は悪で韓国は善」というシンプルな捉え方に対して、そういう押し付けはやめてくれという若い世代が出てきたのは非常に興味深いことです。

金　私は『82年生まれ、キム・ジヨン』が日本でもベストセラーになったと知ってとても驚きました。この小説は、基本的に韓国のジェンダー問題を描いていますが、それが日本でたくさん共感を得たということは、日本の女性も似たような悩みや問題を感じているということでしょう。私は神田外語大学に在籍していた時に、ゼミ生たちと一緒にこの本を読みました。ゼミ読書会では「韓国の本だけど、日本の現実と似ている」という意見が目立ちました。

　ただ、この本は韓国でジェンダーに関する論争の引き金でもありました。この本の中で、男性がひたすら加害者として描かれていることに対する反発があり、フェミニズムは男性を暫定的な犯罪者扱いしているという批判が激しくなったのです。日本ではそこまで展開されることはなかったんですね。

──日本の新聞でも、韓国でショートカットの女性が知らない人に殴られたという事件が報道されていました。フェミニズムに対する嫌悪の例として挙げられていたんです (K)。

金　それは非常に極端な事例ですが、ジェンダーをめぐって対立が激しくなってきたのは事実です。特にネットの匿名掲示板では「彼女が『82年生まれ、キム・ジヨン』を読んでいたので別れた」という男性の書き込みを見かけるなど、フェミニズムに対する反感が強くなりました。「嫌韓」とか「嫌日」ではなく「嫌女」、つまりは「女嫌」、ミソジニーですね。

──女性アイドルがあの本を読んでいると発信したら、男性からすごく叩かれたという話もあるようですね (K)。

金　確か映画化された時も、出演した男女俳優に対してバッシングがありました。

林　小説としては、韓国社会をウォッチングしていたらよくあるような話を、すべてキム・ジヨンを当事者にして書いているだけなんですが、それだけ小説の内容が日常化している。そのことが問題だということなんですよね。

金　私が大学を卒業し社会人になったのは、もう30年近く前です。その時に自分も職場のジェンダー・バイアスで非常に苦しんだ記憶があります。ただし、しっかり仕事する女性が着実に増えましたし、女性に対する社会的認識も変わりましたので、今頃は、私を苦しめた偏見や差別はだいぶ改善されているのでないかと思い込んでいたんです。ところが、『82年生まれ、キム・ジヨン』が21世紀にもこんなに話題になるということは、いまだにつらい経験をする女性が多いという意味ですね。しかも、韓国だけでなく、日本でまで。

林　自分の母親とか自分が体験した矛盾に対して怒ってよかったんだと、この本によって、みんなそれぞれ気付いたんだと思います。それまでは当たり前のように受け入れていたことだったので。

金　日本社会もジェンダーに関する課題が多いですよね。日本の大学で教えた時に、卒業と就職を控えている女性の学生に「物わかりの良い子」より、「しっかり仕事できる子」を目指してほしい。「ちょっと変な子」という評価でも、自分の意見や気持ちをしっかり言える女性になってほしいとアドバイスをしていました。日本の女性だけではなく、日本の若い男性にも同じアドバイスをしたいんです。日本社会には個人が素直な気持ちを表現することがなかなか難しい雰囲気がありますね。否定的な意見だからって我慢する必要はない、自分の本当の気持ちをしっかり表現することが大事。そういうことを気付かせた本だったと思います。

『82年生まれ、キム・ジヨン』をめぐって　181

食のコラム⑤
国民1人当たりのインスタントラーメン消費量は世界トップレベル

——韓国は、インスタントラーメンの消費量が世界的にも上位だそうですね (S)。

林　国民1人当たりの消費量ですね。近年、ベトナムに抜かれたようですが、2023年の1人当たり消費量は年間およそ78食で、日本の1.6倍以上だったそうです。

金　インスタントラーメンはそもそも日本から輸入されたものですよね。

林　明星食品が韓国の三養食品と技術提携して1963年に生産販売されたものです。

金　韓国ではインスタントラーメンが粉食屋の立派なメニューですよ。しょぼい粉食屋だと台所がチラチラ見えますが、インスタントラーメンの袋を破ることから調理が始まりますから。ただ、キムチを入れたり、ネギと卵を入れたり、ちょっとした工夫を加えるのが普通です。だからインスタントラーメンも店によっておいしい、まずいがあるんですよ。

——日本のラーメンは塩辛いのでお湯を足す人がいると、やはり林先生の本にありましたが (S)。

林　一般的に韓国の人たちは、日本の食べ物は甘いというイメージを持っていたりするのですが、ラーメンを食べてみて塩辛いと感じる人も少なくないようです。うどんの出汁が塩辛いからとお湯を足すのも見たことがあります。

——東日本大震災のすぐ後にソウルに行ったんです。明洞でも通りの横断幕に「東北頑張れ」みたいことが書いてあったり、そこら中で募金もしたりしていて、こんなに関心を持ってくれているんだと感動的だったんですが、喫茶店に入ってコーヒーを頼んだらインスタントコーヒーが出てきた。これはショックでした。メニューを見たら、確かにネスカフェって書いてありました (S)。

林　昔は茶房（一昔前の喫茶店）など、インスタントコーヒーで入れたものを出し

てくるところが多くありましたが、今はもうまったくないでしょうね。

金 今は韓国はコーヒー王国といっても良いくらいに、カフェ天国ですよ。90年代初頭からコーヒーの専門店が徐々に増えて、もはやインスタントコーヒーを出すところは見かけませんよ。私が今住んでいる地域は人口が1万人弱しかない小さい町ですが、それでもコーヒー専門店のスターバックスがあるんです（笑）。

林 ただ、大衆食堂で食後にご自由にと、無料サービスで置いてあるコーヒーはインスタントですね（笑）。今はカフェ大国と言っていいほど、ドリップにこだわったカフェが乱立する韓国ですが、大衆食堂での食後の1杯は甘めで無料サービスのインスタントコーヒーを求めてしまうようです。スティックコーヒーはドリップとはまったく別の飲み物として根強い人気ですね。スティックにはまる人もいるようですよ。

あとがき

　韓国（朝鮮）と日本は地理的にも近く、古来、人の往来が盛んな地域でした。また、それだけに良くも悪くも互いに影響を与えてきた地域と言うことができます。それでは、どれほど相互理解が進んでいるかと言えば、実はよく知らなかったり、誤解していたりすることが多いとは、よく言われてきたことです。

　これまで相互理解を掲げた書籍はいくつも刊行されてきましたが、本書の特徴は、韓国と日本の人類学者が互いの思う双方の社会の差について世間話でもするかのように忌憚なく語ったところにあると思っています。それこそ本書にも出てきた益善洞のカフェで、旧知の2人がお茶をしながら「ああじゃない、こうじゃない」と、片方からの偏った視点ではなく、より複眼的に社会の差を捉えていく形式で、それはこれまでの刊行物になかったことと思います。実際に、対談はとても楽しい時間で、話をしていると、2、3時間が一瞬にして「溶けて」いきました。それこそ編集者からストップがかからないと、旧友と近況のことを話すように互いに笑いながら話が延々と続いていくわけです。編集者の椎野礼仁さん、それを見守ってくださった皓星社の楠本夏菜さんには本当に感謝しかありません。

　そして、もう1つの特徴は日韓の学生に対談に参加してもらったことです。今の20歳くらいの世代がどんなきっかけで関心を持ち、渡航し、留学し、そこで何を感じたのか、等身大で語ってくれたことは、これから韓国や日本に関心を持ってくれる人たちの関心をより一層深めてくれるものと思っています。

　今回、対談をしながら面白く感じたのは、金先生と私の立ち位置の違いに思われます。読んでいただいた方はすでに気付かれたでしょうが、金先生は前政権を評価した論調が目立ちますし、逆に私は現政権を評価した論調が目立ちます。つまり金先生はリベラル志向が強く、私は保守志向が強いと言えるでしょう。「少し」年齢のサバを読んで、本書に出てきた言葉で言えば、実は金先生は「改革娘」の、

私は「二代男」の代弁者と言えるかもしれません。「改革娘」と「二代男」である私たちのバトルは、第2章や第3章あたりをご覧になられると、面白く見られるかと思います。そして、これこそが本書の見所と言ってよく、金先生か、私かの単独著書であれば、リベラル志向か、保守志向か、どちらか一面的な見方の強い内容で統一されていたでしょう。ところがそうはならなかった。それが決定的に他の書籍と異なる部分で、本書では、そうならなかったところに最大の価値があります。対談をしていても、「あー、本当に金先生（あるいは林）はリベラル志向（あるいは保守志向）が強いよな」と互いが互いに「あきれながら」、でも楽しく対談が続きました。それは金先生と私の間で、互いに認め合った関係性が築けているからなのですが、そのやり取りは何度読み返していても面白く感じられるのです。

　学生たちのことについても少し補足しておけば、皆、真面目で素直です。それはとてもありがたいことですが、一方で少し物足りなさを感じるところもあります。これはたぶん近年の学生の傾向と言えるかもしれません。講義でも授業でもやや受け身と言いますか、積極的に対話に参加してくれないところもあり、言葉だけ学習して歌詞が聴きとれたら、歌えたら、あるいは韓国の友人たちと楽しく話ができれば、それで満足という学生たちもよく見かけます。もちろん、「裾野が広がる」というのは、そういうことなのでしょうが、ぜひ互いの発話や行動の背景にどのような世界が拡がっているのか、本書を通じて、そこに関心を持ってくれることを願っています。その意味で、積極的に対談に参加してくれたメンバーには感謝しています。また、そこまでの勇気はなかったけれど、今回の彼女らを見て背中を押されて次に続くメンバーが絶えないことを期待したいと思います。

　最後に、今回は日韓の研究者が韓国をいかに理解するのかを軸に対談を繰り広げたのですが、ぜひ次回は韓国で同じような対談を行い、日本をいかに理解するのかを軸に対談ができればと思います。そして、その「成果（対談集）」が両国で読まれることで、互いの距離が縮まっていくことを願ってやみません。

2024年9月

林史樹

金暻和（キム・キョンファ）
1971年生まれ。韓国在住のメディア人類学者。デジタル・メディアとネットワーク文化を研究する。ソウル大学の人類学科を卒業した後、韓国の新聞社の記者、ポータルサイトの事業開発担当として勤めた。2005年に来日し、オンライン・ニュースを作る日韓共同プロジェクトにも携わった。東京大学際情報学府で博士学位（学際情報学）を取得後、東京大学院情報学環の助教、神田外語大学の准教授を経て、コロナ禍中の2022年に韓国に帰国し、日韓比較文化的観点からメディア研究を続けている。日本語の著書として、単著に『ケータイの文化人類学』（CUON、2016年）、共著に『セカンドオフラインの世界　多重化する時間と場所』（恒星社厚生閣、2022年）など。

林史樹（はやし・ふみき）
1968年大阪生まれ。文化人類学者。移動が人や文化に与える影響を研究する。同志社大学文学部卒業、東京外国語大学大学院修士課程、総合研究大学院大学博士課程修了。博士学位（文学）を取得後、学術振興会特別研究員を経て、神田外語大学に着任。現在、神田外語大学外国語学部教授。近年は、薬食にも関心を持つ。単著に『韓国がわかる60の風景』（明石書店、2007年）、『韓国サーカスの生活誌　移動の人類学への招待』（風響社、2007年）、共著に『韓国食文化読本』（国立民族学博物館、2015年）など。

二代男と改革娘（にだいおとこ かいかくむすめ）
日韓の人類学者が韓国を語ってみた

2024年10月24日　初版第1刷発行

著　者　金暻和×林史樹

編集協力　椎野礼仁
協　力　神田外語大学

発行所　株式会社 皓星社
発行者　晴山生菜
〒101-0051　東京都千代田区神田神保町3-10 宝栄ビル6階
電話:03-6272-9330　FAX:03-6272-9921
URL https://www.libro-koseisha.co.jp/
E-mail:book-order@libro-koseisha.co.jp

装画　ilung kim
装幀・組版　藤巻亮一
印刷・製本　精文堂印刷株式会社

ISBN978-4-7744-0853-8